# 数字化时代下的智慧理财研究

程 燕 著

北京工业大学出版社

图书在版编目（CIP）数据

数字化时代下的智慧理财研究 / 程燕著 . — 北京：北京工业大学出版社，2021.5
　ISBN 978-7-5639-7978-3

Ⅰ . ①数… Ⅱ . ①程… Ⅲ . ①投资－研究 Ⅳ . ① F830.59

中国版本图书馆 CIP 数据核字（2021）第 111399 号

---

## 数字化时代下的智慧理财研究
SHUZIHUA SHIDAI XIA DE ZHIHUI LICAI YANJIU

| | |
|---|---|
| 著　　者： | 程　燕 |
| 责任编辑： | 李俊焕 |
| 封面设计： | 知更壹点 |
| 出版发行： | 北京工业大学出版社 |
| | （北京市朝阳区平乐园 100 号　邮编：100124） |
| | 010-67391722（传真）　bgdcbs@sina.com |
| 经销单位： | 全国各地新华书店 |
| 承印单位： | 唐山市铭诚印刷有限公司 |
| 开　　本： | 710 毫米 ×1000 毫米　1/16 |
| 印　　张： | 9.5 |
| 字　　数： | 190 千字 |
| 版　　次： | 2023 年 4 月第 1 版 |
| 印　　次： | 2023 年 4 月第 1 次印刷 |
| 标准书号： | ISBN 978-7-5639-7978-3 |
| 定　　价： | 48.00 元 |

版权所有　　翻印必究

（如发现印装质量问题，请寄本社发行部调换 010-67391106）

## 作者简介

程燕，女，1978年12月出生，河北省石家庄市人，毕业于对外经济贸易大学，硕士研究生学历，现任北京经济管理职业学院讲师，主要讲授"金融学基础""个人理财""国际金融"和"银行综合柜台业务"等课程。研究方向：金融学、投资与理财、银行业务。主持北京市教育工委青年教师调研项目一项，主持院级科研课题三项、教改项目三项（人才培养质量项目一项、课程思政项目一项、提质培优项目一项），主持并获得北京市职业院校教育教学成果二等奖、院级教学成果一等奖，北京市职业院校财经类"微课"教学比赛获二等奖，多次组织指导学生参加全国、北京市大学生银行技能大赛获团体二、三等奖，获得两届北京市优秀青年骨干教师称号。

# 前　言

随着大数据、云计算、物联网、区块链、人工智能、5G通信等新兴技术的广泛应用，数字化时代已经来临。以技术为引领，在实现资源的快速优化配置与再生、实现经济高质量发展的新经济形态过程中，人们的理财需求和交易模式也发生着巨大的变化，智慧理财应运而生。

本书通过分析数字化时代的特点、智慧理财与传统理财的比较、智慧理财风险与收益的识别来阐释智慧理财这一新兴的概念，选取了目前智慧理财主要客户群体的几种常用理财产品，研究其特性和投资方式，并对市场份额较大的几家智慧理财平台进行分析，以期对理财投资者产生借鉴参考意义。

全书共六章。第一章为绪论，主要阐述了数字化时代的特征、智慧理财与传统理财的区别、智慧理财的内容等方面；第二章为智慧理财的收益与风险，主要阐述了智慧理财的收益识别、智慧理财的风险识别、从风险角度看智慧理财产品等内容；第三章为数字化时代下的众筹模式，主要阐述了全面了解众筹、常见的众筹网站平台、众筹投资理财的技巧等内容；第四章为数字化时代下的保险投资，主要阐述了互联网保险入门、互联网保险的特点、互联网保险的风险评估、互联网购买保险的步骤等内容；第五章为数字化时代下的基金投资，主要阐述了互联网基金入门、互联网基金的特点、互联网基金的风险评估、互联网购买基金的步骤等内容；第六章为数字化时代下的理财平台，主要阐述了支付宝理财、京东金融理财、微信理财通等内容。

为了确保研究内容的丰富性和多样性，作者在写作本书过程中参考了大量理论与研究文献，在此向涉及的专家学者表示衷心的感谢。

最后，限于作者水平有不足，本书难免存在一些疏漏，在此，恳请同行专家和读者朋友批评指正！

程　燕

2021年3月

# 目 录

**第一章 绪 论** ·················································· 1
  第一节 数字化时代的特点 ································· 1
  第二节 智慧理财与传统理财的区别 ······················ 4
  第三节 智慧理财的内容 ···································· 6

**第二章 智慧理财的收益与风险** ······························ 9
  第一节 智慧理财的收益识别 ······························ 9
  第二节 智慧理财的风险识别 ····························· 19
  第三节 从风险角度看智慧理财产品 ····················· 32

**第三章 数字化时代下的众筹模式** ·························· 34
  第一节 全面了解众筹 ······································ 34
  第二节 常见的众筹网站平台 ····························· 46
  第三节 众筹投资理财的技巧 ····························· 62

**第四章 数字化时代下的保险投资** ·························· 64
  第一节 互联网保险入门 ··································· 64
  第二节 互联网保险的特点 ································ 69
  第三节 互联网保险的风险评估 ·························· 74
  第四节 互联网购买保险的步骤 ·························· 95

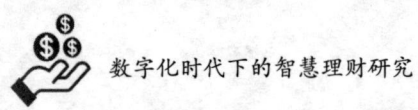

## 第五章　数字化时代下的基金投资……………………………96
### 第一节　互联网基金入门……………………………………96
### 第二节　互联网基金的特点…………………………………102
### 第三节　互联网基金的风险评估……………………………103
### 第四节　互联网购买基金的步骤……………………………115

## 第六章　数字化时代下的理财平台……………………………119
### 第一节　支付宝理财…………………………………………119
### 第二节　京东金融理财………………………………………131
### 第三节　微信理财通…………………………………………139

## 参考文献……………………………………………………………142

# 第一章 绪 论

经济的飞速发展让更多的人愿意将储蓄用来投资理财,投资理财方式也由曾经的单一向综合转变,理财客户也日渐年轻化。智慧理财作为年轻人理财的一种主要方式,在很大程度上提高了人们理财的效率,节约了排队时间,促进了人们对理财产品的认识。本章分为数字化时代的特点、智慧理财与传统理财的区别、智慧理财的内容三部分。主要内容包括:数字化时代概述、数字化时代的特点、智慧理财与传统理财的概念、智慧理财与传统理财的比较、智慧理财的内容等方面。

## 第一节 数字化时代的特点

### 一、数字化时代概述

"数字化时代"的说法于近几年渐渐兴起,但数字化时代本质属于电子信息时代。由于电子信息的机器语言都是用数字代表的,所以,随着人们的工作、学习和生活等更多地建立在电子信息和它的发展技术(大数据、云计算、物联网、区块链、人工智能等)的基础上,信息传输高速便捷,人们将现在以及可预期的未来称为"数字化时代"。

数字化时代环境赋予了传输媒介大信息化的容量和高效体验交互的性能,以开放、兼容、共享的高度引发了传播领域的根本变化,同时对人类社会的整体发展也产生了深远的影响。数字化时代在很大程度上对传输和信息这两种相对分离的技术领域进行了融合。

数字化传输产生的冲击是巨大的,它使得历史长期以来依靠单一技术的、垄断性质的信息工具传输的被隔离的信息内容或服务在数字化时代得以在全球范围内自由流动。数字革命的后果实际上远远超出了经济范畴，改变了人类传输根本的特质，这种改变对人们的生产和生活方式产生了深刻的影响。

①数字技术的发展有力地促进了人们传统的学习、日常生活和工作的方式的改变，对人们的生活水平和质量的提高有着巨大的推动作用。

②数字技术的发展和应用给人们的日常生活带来了很大的方便。人们日常生活的各个方面都离不开数字技术的支持，并由此开始进入到信息化时代，很多的日常生活都可以借助于数字技术来实现，比如说生活缴费、购物、旅游订票等等，总之人们的生活跟数字技术的联系变得越来越紧密。

③数字技术使得工作中的数据处理变得越来越简单和高效。借助于数字技术，平时繁杂的数据处理在电脑前经过简单的操作就可以完成，并且错误率比往常低得多。此外，通过数字技术，人们对于信息的获取也变得方便简单，并且实时性更强。

在经济层面，数字化时代表现为数字经济，是指人类通过大数据(数字化的知识与信息)的识别—选择—过滤—存储—使用，引导、实现资源的快速优化配置与再生，实现经济高质量发展的经济形态。数字经济，作为一个内涵比较宽泛的概念，凡是直接或间接利用数据来引导资源发挥作用，推动生产力发展的经济形态都可以纳入其范畴。在技术层面，数字化时代表现为一些新兴技术的应用，包括大数据、云计算、物联网、区块链、人工智能、5G通信等新兴技术。在应用层面，"新零售""新制造"等都是数字化时代的典型代表。

## 二、数字化时代的特点

数字化时代主要表现为数字经济的产生和发展，受到三大定律的支配。

1. 梅特卡夫法则

网络的价值等于其节点数的平方。所以网络上联网的计算机越多，每台电脑的价值就越大，"增值"以指数形式不断变大。

2. 摩尔定律

计算机芯片的处理能力每18个月就翻一番，而价格下降一半。

3. 达维多定律

进入市场的第一代产品能够自动获得50%的市场份额，所以任何企业在本产业中必须第一个淘汰自己的产品。实际上达维多定律体现的是网络经济中的马太效应。

这三大定律决定了数字化时代具有以下基本特征。

### （一）快捷性

快捷性表现为：①突破了传统的国家、地区界限，通过网络将其连为一体，使整个世界紧密联系起来，把地球变成为一个"村落"。②突破了时间的约束，使人们的信息传输、经济往来可以在更小的时间跨度上进行。③数字化时代的数字经济是一种速度型经济。现代信息网络可用光速传输信息，数字经济以接近于实时的速度收集、处理和应用信息，大大加快了节奏。

### （二）高渗透性

迅速发展的信息技术、网络技术，具有极高的渗透性功能，使得信息服务业迅速地向第一、第二产业扩张，使三大产业之间的界限越来越模糊，出现了第一、第二和第三产业相互融合的趋势。

### （三）自我膨胀性

数字化时代与数字经济的价值等于网络节点数的平方，这说明网络产生和带来的效益将随着网络用户的增加而呈指数形式增长。在数字经济中，由于人们的心理反应和行为惯性，在一定条件下，优势或劣势一旦出现并达到一定程度，就会不断加剧而自行强化，出现"强者更强，弱者更弱"的"赢家通吃"的垄断局面。

### （四）边际效益递增性

边际效益递增性主要表现为：①数字经济边际成本递减。②数字经济具有累积增值性。

### （五）可持续性

数字化时代的数字经济在很大程度上能有效杜绝传统工业生产对有形资源、能源的过度消耗，造成环境污染、生态恶化等危害的状况，实现社会经济的可持续发展。

### （六）直接性

由于网络的发展，经济组织结构趋向扁平化，处于网络端点的生产者与消费者可直接联系，降低了传统的中间商层次存在的必要性，从而显著降低了交易成本，提高了经济效益。

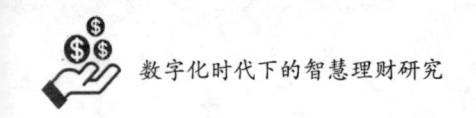

# 第二节　智慧理财与传统理财的区别

随着互联网技术深入发展，互联网所涉及的领域也更加宽泛，各行各业也都相继加强与互联网的联系，人们更是越来越习惯互联网应用下的信息化、数据化、便捷化的新生活模式。单靠传统的理财方式已不能满足人们需求，甚至掣肘了金融服务领域的健康发展，因此，将理财服务类市场与互联网挂钩显得尤为重要。在此情形下，智慧理财行业应运而生，它以独特的魅力抢占了市场先机，动摇了传统理财的神圣地位。

## 一、智慧理财与传统理财的概念

所谓智慧理财，就是指通过互联网、大数据、人工智能等技术对理财产品进行一系列数据及云端计算操作，并从中获得一定利益的金融活动，包括投资者利用互联网获取相应理财资讯进行线上理财的投资行为，以及一些金融机构通过利用线上理财信息查询、理财信息分析等操作来向大众提供个性化理财方案等一系列金融服务活动。传统理财则是涵盖了存款、贷款、资金结算业务、银行理财产品、保险、基金等金融活动，通过传统的开发、营销与交易手段进行的各种金融行为。

## 二、智慧理财与传统理财的比较

### （一）发展优劣势的区别

1. 传统理财的优势

传统理财能够合理地分析评估客户可承受风险的范围，并对不同客户提供相应的资金管理方案，在不断的发展中逐步形成了信誉好、专业化的特色，而且拥有比较完善的风险管理机制，切实保护了广大群众的利益，为理财者创造了一个安全稳定的平台，让惧怕投资风险的用户接受理财成为可能。更重要的是，大多数传统理财企业都有国家和政府保障，这也使得它的资金安全性更强，口碑更好，用户黏性更高。

2. 传统理财的劣势

虽然传统的理财优势不少，但它同样也存在严峻的问题。比较突出的问题就是信息透明度低，数据不能共享，较低的透明度使客户不能实时观察自己的资金流向、收益波动等信息，用户的体验比较差；较为单一的数据资源也使得传统银行理财业务效率比较低，很难做到精准推介。要知道在如今的大数据云计算时代背景下，市场对资源的配置要求很高，低效率必定会制约行业发展。

### 3. 智慧理财的优势

反观涵盖了门槛低、支付便捷、操作简洁、产品形式多样以及资源配置高效于一体的互联网金融，不仅减少了交易成本，而且减少了在资金赎回和使用过程中的各种限制，还打破了传统理财在时间、地域上的约束，让人们轻轻松松就可以实现 $7 \times 24$ 小时借贷、融资、理财服务。而且不同于传统理财行业的是：智慧理财更加注重个性化的服务以及客户体验，利用平台天然优势与用户沟通，强化客户体验；在服务的过程中，智慧理财不仅摆脱了传统理财的繁杂流程，而且还弥补了传统理财信息不对称的缺陷，确保了交易的透明性以及交易方式的灵活性、多变性。

### 4. 智慧理财的劣势

（1）监管风险

监管问题一直以来是人们最为关注的一点，但遗憾的是，就目前的智慧理财市场来说，还没有形成一个稳定的风险管控系统，现有的监管体系仍存在不少问题，金融风险日渐高涨，网络诈骗现象也层出不穷。

目前我国信用体系的建设还不那么成熟，拿现阶段的征信体系来说，截至2019年4月，中央银行征信系统只录入了9.9亿自然人的信用情况，仍有4.6亿自然人没有信贷记录，这也导致很多小微企业和个人的不良信用记录不能更好地被披露出来，让很多不法分子钻空子，造成不良贷款的发生，掣肘行业的发展。

（2）网络安全风险

如今的电子商务市场日益繁荣，企业在享受繁荣市场带来的利益时，也不得不面对伴随而来的网络安全风险。尽管如今的智慧理财平台都会设计多层安全系统，但总体而言，其安全系统仍是理财业务中最薄弱的环节。这种风险可能是系统发生故障，致使业务中断、交易停止，也可能是外部的黑客入侵、病毒攻击，导致数据被损毁、篡改、泄漏等。这都无法切实保护用户信息和财产安全，也不符合金融行业发展的理念。

## （二）理财产品的区别

金融市场上传统理财产品、智慧理财产品应有尽有，不仅顺应市场不断变革创新，满足了不同人群的需求，也使得社会资源得到合理分配。

传统理财产品一般是由银行基于自身发展前景与市场预测后才推出的，而智慧理财产品大多数都是以客户为中心，基于用户体验设计出来，相比于当下的传统理财产品，虽然它在风险性、安全性上没有压倒性的优势，但是它却摆脱了传统理财产品流动性较低、门槛高、风险与收益持平等这些固有性缺陷。而且在同类型的理财产品中，智慧理财产品可以拥有高出传统理财产品 4～5 倍的回报率；再加上它起投门槛低，号称"1 元便可理财"，吊打传统银行理财产品以万元起步的高门槛。

# 第三节　智慧理财的内容

智慧理财的内容与传统理财相同，包含八个方面，这些内容对应了我们所要达成的各种生活目标。

## 一、现金规划

现金规划是为满足个人或家庭短期需求而进行的对日常的现金、现金等价物及短期融资活动进行管理和安排的过程。现金规划既能够使所拥有的资产保持一定的流动性，满足个人或家庭支付日常生活费用的需要，又能够使流动性较强的资产保持一定的收益。现金规划的目的在于确保有足够的资金来支付计划中和计划外的费用，并且消费模式是在预算限制之内。

## 二、消费支出规划

消费支出规划是基于一定的财务资源，对家庭消费水平和消费结构进行规划，以达到适度消费、稳步提高生活质量的目标，其中包括消费信贷。消费信贷是指个人和家庭用于满足个人需求的信贷，与企业信贷相反。消费信贷是商业企业、银行或其他金融机构对消费者个人提供的信贷，主要用于消费者购买耐用消费品、房屋和各种劳务。消费信贷是当期得到现金、商品和服务，在将来支付有关费用的一种安排，它以消费者未来的购买力为放款基础，旨在通过信贷方式预支远期消费能力，来满足个人当期消费需求。

## 三、投资规划

投资规划是指根据个人理财目标和可投资资源，以及个人风险承受能力的实际情况，为个人制定合理的资产配置方案，构建投资组合，帮助个人实现资产增值的过程。投资规划是个人理财规划的一个组成部分，而且投资也是实现其他财务目标的重要手段。如果没有通过投资实现资产增值，个人可能没有足够的财力资源来完成诸如购房、养老等生活目标，因此，投资规划对于个人理财规划有着重要的基础性作用。

## 四、教育规划

教育规划即教育投资规划，是指为获取实现预期教育目标所需要的费用而进行的一系列资金管理活动。教育支出既是一种消费支出，也是一种投资支出。

教育不仅可以提高人的文化水平与生活品位，而且也可以增加受教育者的人力资本。教育规划包括本人教育规划和子女教育规划两种，自我完善和教育后代都是人生重要的内容。进行教育规划时，首先，要对教育需求和子女的基本情况进行分析，以确定当前和未来的教育投资资金需求；其次，要分析收入和资产状况，确定教育投资资金的来源；最后，应当分析教育投资资金来源与资金需求之间的差距，并寻求恰当的投资工具，以投资收益来弥补差距。

## 五、风险管理和保险规划

人在生命的各个阶段都会承担不同的责任，同时会面临不同的风险。在没有充分保险的情况下，一旦家庭主要经济支柱发生风险，将给个人及家庭带来重大的经济损失。风险管理和保险规划的目的是，通过对个人经济状况和保障需求的分析，选择最适合的风险管理措施以规避风险。因此，保险产品应该成为生活的一种必备品。

在理财规划方案中，购买保险的保障性需求大于投资性需求，购买保险的主要目的是针对自身可能面临的风险进行风险转移。保险规划的理财工具可以选择各种不同类型的商业保险，以规避人身风险、健康风险和财产风险。

## 六、税收筹划

出于对自身利益的考虑，纳税人往往希望将自己的税负减到最小，在合法的前提下尽量减少税负就成为每个纳税人十分关注的问题。个人税收筹划是指纳税人在遵循国家法律及税收法规的前提下，按照税收政策法规的导向，在纳税义务发生前，通过对纳税主体的经营、投资、理财等经济活动的事先筹划和安排，充分利用税法提供的优惠和差别待遇，以减轻税负，达到整体税后利润最大化的过程。

## 七、退休养老规划

退休养老规划是为保证在老年时期有一个自立、尊严、高品质的退休生活，而实施的规划方案。合理有效的退休养老规划不但可以满足退休后漫长生活支出的需要，保障自己的生活品质，抵御通货膨胀的影响，而且可以显著提高个人的净财富。退休规划的核心在于进行退休需求的分析和退休规划工具的选择。

## 八、财产分配与传承规划

财产分配与传承规划是个人理财规划中不可或缺的部分。财产分配规划是指为了将资产在家庭成员之间进行合理分配而制定的财务规划。财产传承规划是指当事人在其健在时通过选择遗产管理工具和制订遗产分配方案，将其拥有或控制的各种资产或负债进行安排，确保在自己去世或丧失行为能力时能够实现家庭财产的代际相传或安全让渡等特定的目标。

财产分配与传承规划为个人和家庭提供了一种规避风险的保障机制，当个人及家庭在遭遇到现实中存在的风险时，这种规划能够帮助客户隔离风险或降低风险带来的损失。在实际生活中，个人及家庭可能遭遇的风险主要有：家庭经营风险、夫妻中一方或双方丧失劳动能力或经济能力的风险、离婚或者再婚风险、家庭成员去世的风险。以上种种个人及家庭遭遇的风险一旦发生，就会对个人及家庭的经济能力产生不利影响。如果能够在风险发生之前采取相应措施，就可以最大限度地消除或减少其可能造成的不利影响。通过理财规划，可以针对个人及家庭状况，制定相应的财务方案，选择避险工具，进行有针对性的风险规避安排，最大限度地消除上述风险带给个人及家庭的不利影响。

# 第二章　智慧理财的收益与风险

2013年以来，互联网金融行业发展迅猛，在全国各地都蓬勃发展。而对于个人投资者来说，他们的理财方式也从传统的理财产品转为了智慧理财产品。以"京东小金库""余额宝"为代表的新型货币基金智慧理财产品的用户群体变得越来越大，而其收益的波动性也就成了个人投资者最为关心的因素。本章分为智慧理财的收益识别、智慧理财的风险识别、从风险角度看智慧理财产品三部分。主要内容包括：投资收益的含义、投资收益的度量、个人理财产品收益率的影响因素等方面。

## 第一节　智慧理财的收益识别

### 一、投资收益的含义

投资收益又称投资报酬，是指投资者从投资中获取的补偿，包括期望投资收益、实际投资收益、无风险收益和必要投资收益等类型。其中，无风险收益等于资金的时间价值与通货膨胀补贴（又称通货膨胀贴水）之和；必要投资收益等于无风险收益与风险收益之和。

### 二、投资收益的度量

#### （一）单项资产的收益度量

任何一项投资的结果都可用收益率来衡量，通常收益率的计算公式为

$$收益率 = \frac{收支 - 支出}{支出} \times 100\%$$

投资期限一般用年来表示；如果期限不是整数，则需要转换为年。

通常情况下，收益率受许多不确定因素的影响，因而是一个随机变量。我们可假定收益率服从某种概率分布，即已知每一收益率出现的概率，如表2-1所列。

表 2-1 同收益率对应的概率

| 收益率 /% | $r_1$ | $r_2$ | $r_3$ | $r_4$ | … | $r_i$ |
|---|---|---|---|---|---|---|
| 概率 | $p_1$ | $p_2$ | $p_3$ | $p_4$ | … | $p_i$ |

数学中求期望收益率或收益率平均数的公式为

$$E(r) = \sum_{i=1}^{n} r_i p_i$$

### （二）两项资产构成的投资组合的收益度量

假设两种证券 $A$ 和 $B$，某投资者将一笔资金以 $x_A$ 的比例投资于证券 $A$，以 $x_B$ 的比例投资于证券 $B$，且 $x_A+x_B=1$，称该投资者拥有一个证券组合 $P$。如果到期时，证券 $A$ 的收益率为 $r_A$，证券 $B$ 的收益率为 $r_B$，则证券组合 $P$ 的收益率 $r_P$ 为

$$r_P = x_A r_A + x_B r_B$$

证券组合中的权数可以为负，比如 $x_A<0$，则表示该组合卖空了证券 $A$，并将所有的资金连同自有资金买入证券 $B$，因为 $x_A+x_B=1$，故有

$$x_B = 1 - x_A > 1$$

投资者在进行投资决策时并不知道 $r_A$ 和 $r_B$ 的确切值，因而 $r_A$、$r_B$ 应为随机变量，对其分布的简化描述是它们的期望值和方差。投资组合 $P$ 的期望收益率 $E(r_P)$ 为

$$E(r_P) = x_A E(r_A) + x_B E(r_B)$$

### （三）多项资产构成的投资组合的收益度量

这里将两个证券的组合讨论拓展到任意多个证券的情形。假设有 $N$ 种证券，记作 $A_1$，$A_2$，$A_3$，…，$A_N$，证券组合 $P=(x_1, x_2, x_3, …, x_N)$ 表示将资金分别以权数 $x_1$，$x_2$，$x_3$，…$x_N$ 投资于证券 $A_1$，$A_2$，$A_3$，…，$A_N$。如果允许卖空，则权数可以为负，负的权数表示卖空证券占总资金的比例。正如两种证券的投资组合情形一样，证券组合的收益率等于各单个证券的收益率的加权平均。即设 $A_i$ 的收益率为 $r_i$（$i=1$，2，…，$N$），则证券组合 $P=(x_1, x_2, x_3, …, x_N)$ 的收益率为

$$r_P = x_1 r_1 + x_2 r_2 + \ldots x_N r_N = \sum_{i=1}^{N} x_i r_i$$

推导可得证券组合 P 的期望收益率为

$$E(r_P) = \sum_{i=1}^{N} x_i E(r_i)$$

由以上公式可知，要估计 $E(r_p)$，当 N 非常大时，计算量十分巨大。在计算机技术尚不发达的 20 世纪 50 年代，证券组合理论不可能运用于大规模市场，只有在不同种类的资产间，如股票、债券、银行存单之间分配资金时，才可能运用这一理论。60 年代后，威廉·夏普提出了指数模型以简化计算。随着计算机技术的发展，已开发出计算 $E(r_p)$ 和 $\delta_P^2$ 的计算机运用软件，如 Matlab、SPSS 和 Eviews 等，大大方便了投资者。

## 三、个人理财产品收益率的影响因素

个人理财产品收益率的影响因素较多，将其归类大体可以分为外部因素与内部因素两大类。外部因素主要是指宏观经济因素，宏观经济宽松程度一方面影响投资者对个人理财产品的需求程度，另一方面对个人理财产品的定价及预期收益率有重要的影响。内部因素主要是银行自身与个人理财产品的设计情况，影响个人理财产品的收益率及风险等级。

### （一）外部因素

1. 宏观经济因素

对个人理财产品收益率影响较大的宏观经济因素主要包括国内生产总值及居民消费价格指数。

（1）国内生产总值

宏观经济因素中最能直观反映国家经济发展状况的是国内生产总值（GDP），GDP 也是最重要的宏观经济指标，是社会生产的最终产品和劳务的全部价值。我国自 2001 年加入 WTO 后，国内经济实现了突飞猛进的发展，GDP 一直保持着较高规模的增长速度。根据国家统计局历年来的统计数据，我国 GDP 已经从 2003 年 13.7 万亿元增长至 2019 年的 98.7 万亿元，增幅高达 6.2 倍。受限于 GDP 总量基数的扩大及国家经济政策的调整，GDP 增速从 2003 年的 10% 上升到 2007 年最高点的 14.2%，后逐步下降到 2019 年的 6%，之后稳定增长。GDP 的增长使得国家及居民手中的资产增加，扩大了我国居民财富总量，增强了居民对理财产品的需求，有效推动了理财产品市场的发展，理财产品市场的火爆也进一步增强了居民的投资理财热情，形成了一个相互促进的有利局面。

总之，GDP 的增长是我国经济向好的表现，老百姓的收入提高，有更多的钱来进行投资，最终提高了个人理财产品的预期收益率。

（2）居民消费价格指数

居民消费价格指数，又名消费者物价指数（CPI）。CPI 是反映居民家庭一般日常生活中所购买的消费商品和服务价格水平变动情况的重要指标。该指标的变动情况可以直观地反映国内通货膨胀或通货紧缩情况及货币购买力的变动情况，对国内工资体系调整标准具有重要指导意义。当 CPI 数值增大时，说明通货膨胀，货币购买力降低；当 CPI 数值降低时，说明通货紧缩，货币购买力增强。商业银行存款利率一般较低，以中国农业银行 2018 年利率为例，活期存款利率为 0.3%，一年期整存整取利率为 1.75%，而 2018 年全年 CPI 上涨 2.1%，投资者将资金存入中国农业银行的活期存款一年后财富将缩水 1.8%，而一年期整存整取财富将缩水 0.35%。CPI 的增长将使得投资者更青睐选择理财产品。而存款及国债等传统金融产品，对 CPI 的变化相对不敏感，当 CPI 涨幅不大时，这类理财产品更容易被投资者所接受。因此，CPI 对个人理财产品的收益率有较大的影响。

商业银行在发行理财产品之前会提前公布其预期收益率，国家统计局会每月公布 CPI，一些浮动利率的理财产品往往是每周公布一次估值收益率，这与 CPI 公布时间形成一定的时间差，造成了一定的滞后性。从国家层面来讲，政府不希望 CPI 产生巨大的波动，从而维持物价的稳定。商业银行在公布预期收益率时需要考虑到未来 CPI 的波动情况，一般在设计时会提前预估在委托期限内 CPI 增幅。考虑到委托期限的影响因素，期限越长的理财产品可能受影响的程度越大，所以理财产品发行银行要考虑的是预期未来一段时间的 CPI。当 CPI 增幅过大时，投资者个人资产缩水明显，会更乐意进行投资来实现财富的保值。CPI 增幅越大，银行发布的理财产品预期收益率往往也会越高，这也表明个人理财产品的收益率与预期未来的 CPI 呈现正相关关系。投资期限越长的理财产品越容易受到 CPI 波动的影响，叠加其他外部因素的影响，预期收益率将更加难以估计，这也导致了很多商业银行不愿意发行委托期限较长的理财产品。

2. 金融市场因素

（1）证券市场发展情况

欧美发达国家的历史经验已经表明，完整的金融市场体系中离不开证券市场，证券市场已成为金融市场的重要组成部分。证券市场是经济发展到一定阶段的产物，证券市场的发展解决了资本供求矛盾和流动性矛盾。证券市场一般包括股票市场、债券市场及衍生品市场，在此所引用的证券市场主要是指股票市场。股票市场中有众多行业、众多公司，各个公司的经营现状及未来发展前景错综复杂。往往一个简单的利好政策可能会使得某个公司股票价格上升好几倍，一个利空政策也可能会对某个公司股价打压严重，这也造成了股票的价格起伏无常，存在着较大的市场风险。个人投资者由于精力限制，对股票市场了解可能仅局限于某个具体的行业，对其他行业的股票价格波动很难有清晰的认识。为了解决这一问题，金融机构利用自身的业务专长编制了股票价格指数，作为股票价格变动的指标。上海证券综合指数，简称"上证综指"，是上海证券交易所利用派氏加权综合价格指数公式计算上海证券交易所全部上市的股票所得到的值。上证综指自1991年发布以来，经过近30年的发展已成为我国股票市场行情的晴雨表。

经济周期一旦进入复苏或繁荣阶段，股票市场往往会呈现一片繁荣景象，个股不断放量上涨，带动大盘指数不断上扬，通常把这个时期称作"牛市"。而当经济周期经历过繁荣开始步入衰退和萧条时期时，股票市场一片哀鸿遍野，个股价格逐步下跌，带动大盘指数不断走低，通常把这个时期称作"熊市"。证券市场作为经济的晴雨表，其繁荣可以加速资金的流动，促进金融市场的发展，同时对经济具有一定的正向刺激作用。证券市场行情冷清会阻碍宏观经济的发展，投资者为了资金的安全，一般会将资金从理财产品市场中撤出。

资本对经济状况十分敏感，而证券市场又是经济复苏时资本流动的首选场所，因此证券市场一般可以作为经济发展的先行官。证券市场的繁荣主要影响一些与股票挂钩的结构性理财产品，这类理财产品按一定比例的资金购买股票作为投资标的，当股价上涨时收益率提高，股价下跌时收益率下降。理财产品发行数额较大，在打新股时具有明显优势，往往会带来不错的收益。当证券市场低迷以及上证综指持续走低时，与股票挂钩的理财产品往往会出现零收益或负收益的情况。

证券市场的繁荣程度会影响投资者资金流动方向，投资者一般会选择收益率较高的投资方向。证券市场的繁荣强化了大家的投资热情，当投资者判断牛市来临时，会选择将资金投放进证券市场，一定程度上造成理财产品市场资金的流失。目前，商业银行发行的与股票挂钩的理财产品数量还不是很多，已发行的结构性理财产品中股票的比重也往往不是很大，因此证券市场的火爆程度不能直接明显传达到理财产品中，引起平均理财产品收益率的整体上升。计算机技术在金融领域中的应用为结构性理财产品提供了有力的技术支持，使得商业银行在管理和发行结构性理财产品更为便利，这也导致了结构性理财产品发行数量及发行规模不断增加，结构性理财产品也越来越受到投资者的欢迎。

（2）利率

利率是指中央银行发布的活期存款利率，是一定时期内利息额与借贷资金的比率，一般有年利率、月利率和日利率之分。利率作为金融领域中十分重要的变量，其变化对整个宏观经济具有重大影响。目前利率政策已发展成为各国政府调控宏观经济的重要手段。

中央银行发布的活期利率变动很大程度上影响着货币供给量的变化，而货币供给量决定着当前经济的宽松程度，较为宽松的货币政策将会给股票市场、债券市场带来更多的流动资金，降低企业融资成本，有利于企业的经营发展，进而提高理财产品的预期收益率。利率变动主要受社会平均利润率的影响。社会平均利润率是指每年生产的剩余价值总额同资本家预付社会总资本的比率，由各个部门的不同利率平均化形成。

通俗地讲，社会平均利润率就是全社会剩余价值总额与社会总资本的比率，当利率水平低于平均社会利润率时，贷款经营所获得的利润低于贷款的利息，将不会有人进行贷款。利率同样受通货膨胀的直接影响，通货膨胀引起资产贬值，可能会对冲掉借款利息带来的资产增加部分，甚至可能出现资产贬值的情况。贷款期越长，期限内不可预见的因素越多，潜在的风险也越高，因此贷款期限越长利率也越高。

利率对理财产品收益率的影响程度主要与投资标的有关，即与理财产品的种类有关，不同种类的理财产品受利率的影响程度不同。目前所发行的理财产品主要以债券类和信托类理财产品为主，利率的波动对这两类理财产品的收益率具有十分巨大的影响。

债券类理财产品以国债、政策性金融债为投资标的，这类债券的发行主体一般为国家、地方政府或金融机构，债券期限内的收益率一般是综合当前利率及CPI，这也决定了其预期收益率往往不高，普遍在1%～3%。相较于其他理财产品这两类理财产品的收益率与利率关联性最高，虽然不能获得较高收益，但具有风险较低的优势。

信托类理财产品是商业银行将发行理财产品获得的资金借助信托手段投资于企业贷款的理财方式，产品收益主要挂钩贷款企业的信用风险。商业银行在发放贷款时会考核贷款企业的信誉及可抵押资产，降低了该类理财产品的风险性，因此信托类理财产品一般具有安全性高、收益率稳定的特点。商业银行发放贷款利率一般与中国人民银行贷款利率挂钩，中国人民银行贷款利率会随着国家经济情况及政策变化，加上信托类理财产品委托期限一般较长，因此流动性风险较高。当中国人民银行下调贷款利率时，银行也会相应地下调贷款利率，这样先前企业与银行贷款利率会高于现在的贷款利率，一部分企业就会提前终止贷款，引起银行的收益损失，从而使得投资者间接获得收益；而当贷款利率上升时，信托类理财产品收益不能相应提升，造成收益相对打折。

利率对投资于股票和基金等高风险资产的理财产品影响并不明显。从已有的数据来看，出现零收益及负收益的理财产品一般会出现在与股票挂钩比重较大的理财产品中。从理论上讲，当利率下降时，投资者会更倾向于把钱拿出来投资到证券市场，推动股价的上涨，带动与股票挂钩的理财产品收益率提升。但从市场的实际反映中，利率与理财产品的收益率相关性不明显，分析原因可能是由于利率的影响较为复杂，直接或间接影响到理财产品的其他相关因素，各种因素叠加起来对理财产品收益率影响甚微。

（3）汇率

汇率主要影响QDII类理财产品收益率。近年来经济全球化的发展使得国内投资者开始关注境外市场投资，掀起了一股境外投资热潮。境外市场对投资的最低金额有一定的要求，这限制了投资者投资的热情。商业银行通过发行QDII类理财产品，使得境内投资者可以间接地去境外市场投资，提高了我国商业银行在国际金融市场中的地位。

由于境外投资需要将人民币换成外币，因此汇率对于QDII类理财产品是一个重要的风险因素。境外投资收益一方面与投资本身有关，另一方面与汇率波动有关。在委托期限内人民币升值，使得理财产品最终收益还要叠加一部分人民币升值带来的收益，从而增加理财产品的最终收益；在委托期限内人民币贬值，同样会降低理财产品的收益。

投资者在选择这类产品、银行在设计这类产品时，应做出有针对性的避险方案，如设计多种投资组合来对冲风险。

### 3. 货币政策及监管因素

（1）货币供给量

货币供给量是指某一时间点流通中的现金量和存款量之和，是衡量货币政策宽松程度的重要指标，其变动将影响风险资产的价格。货币供给量按照流动性强弱可以分为几个不同层次，各层次的货币供给量是政府调节市场经济的重要手段。

当货币供给量增加时，投资者手中的资产过剩，产生流动性资金，投资者更乐意用现金购买理财产品进行投资来增加资产价值。当货币供给量增加时，通货膨胀也会相应增加，也就是老百姓常说的"钱变毛了"，这也意味着投资者资产贬值，投资者就会选择一些风险性理财产品来对冲资产的贬值。货币供给量增加对企业的经营也会产生一定的影响，一般是会造成公司经营业绩的下滑，降低公司的收益，反映到公司的股价上会引起股价的下跌，使得一些与股票挂钩的理财产品收益受到影响，影响理财产品的收益率。

（2）资管新规

为规范金融机构的资产管理业务，有效防范金融风险，2018年4月中国人民银行等机构印发《关于规范金融机构资产管理业务的指导意见》（下称"资管新规"），文件指出，各商业银行需在2020年底前的过渡期（后修订延长过渡期至2021年底）有序压缩不合理的理财规模。这将在一段时间内对理财产品的收入情况和转型发展带来较大挑战，主要表现在以下几个方面：①资管新规打破刚兑付，禁止商业银行承诺本金及收益，迫使一些重视安全的投资者转型投资银行储蓄或其他无风险产品，损失了一定数量的投资者，对理财产品的发行具有不良影响；②规范了资金池，禁止期限错配，减少了商业银行的期限利差，降低了理财产品的盈利能力，加大了理财产品的管理难度，进一步降低了理财产品的收益率；③限制了多层嵌套，规范了理财产品的通道业务，银行无法继续使用监管割裂实现套利，导致理财产品的收益率下降。综上所述，资管新规的发行必将导致个人理财产品收益率下降。

## （二）内部因素

### 1. 委托期限

委托期限是理财产品设计及投资者购买理财产品必须要考虑的因素之一。投资者在购买理财产品一定时间后获取相应的收益率，这里的一定时间就是委托期限。委托期限反映了货币的时间价值。货币的时间价值是指货币经历一定时间投资和再投资所增加的价值，是没有考虑风险和没有通货膨胀下的社会平均利润率。引用现代经济学中的解释，除去通货膨胀因素的影响，去年1元钱的实际价值要大于现在1元钱的实际价值，这就体现了货币的时间价值。

商业银行发行的理财产品中，一般委托期限越短，预期收益率越低，投资风险越低，客户及商业银行违约的风险也越小；委托期限越长，外界不确定性因素也越大，投资风险越大，客户及商业银行违约的风险也越大。委托期限一方面体现了理财产品的货币时间价值，另一方面也体现了市场的风险因素。客户在选择理财产品时，应注意平衡委托期限及收益之间的关系，科学合理地选择理财产品。

2. 发行主体信用级别

各商业银行的资产规模、网点分布、管理能力等方面各不相同，这也决定了商业银行具有不同的信用级别。商业银行的信用级别影响投资者对其信任度及对其所发行理财产品的信任度，投资者更愿意接受高信用级别商业银行发行的理财产品，因此商业银行信用级别对发行理财产品的预期收益率具有重要影响。结合我国商业银行及理财产品市场情况，可以将国内商业银行分为三个信用级别。

第一类为信用级别最高的四大行，即中国农业银行、中国银行、中国工商银行、中国建设银行；第二类为信用级别适中的全国股份制银行，以交通银行、中国民生银行为代表；第三类为信用级别最低的各地城市商业银行，例如上海农村商业银行、温州银行等。

高信用级别的商业银行在资产规模、管理水平及业务能力方面均具有明显优势，其发行的理财产品一般具有较高的安全性，相较于信用级别较低的商业银行其预期收益率也往往较低。国有商业银行依托国家信誉，容易获得投资者青睐，其发行的理财产品具有较高的安全性，在所有商业银行发行的理财产品中收益率往往也是最低的。股份制及城市商业银行在与四大行竞争时需要在一定程度上压缩自身的利润空间来吸引投资者，这也是其理财产品预期收益率一般要高于四大行的原因之一。

3. 收益类型

保证收益型理财产品的投资风险由银行承担，收益率低于非保证收益型理财产品，商业银行为降低这类产品的投资风险一般会选择较为稳定的投资标的进行投资。非保证收益型理财产品投资风险由商业银行与投资者共同承担，降低了商业银行的投资风险，使得商业银行可以选择高风险、高收益的投资标的，最终获得高额的收益。

4. 其他因素

（1）风险性

依据前文投资组合理论中的分析，理财产品的风险与预期收益率成正相关的关系，即理财产品的风险等级越高，预期收益率也越高。理财产品的投资标的种类众多，其中货币、债券、信托类投资标的风险等级较低，预期收益率也较低；股票、基金等投资标的波动性及风险性较高，其预期收益率一般也较高。

理财产品同样受到国家政策的影响，如国家政策层面放出不利消息将会对理财收益造成影响，主要包括利率风险、汇率风险及其他政策风险。当利率变化时，与基准利率相关性较大的货币型理财产品收益率将会产生波动；当汇率变化时，与外汇相关性较强的理财产品收益率将会产生波动；其他政策主要是国家出台的一些其他利好或利空政策，主要包括财政政策、货币政策、产业政策等重大变化政策，可能引起市场的剧烈波动，从而影响投资者收益。

（2）提前终止权

投资者与银行在理财产品协议上一般要约定提前终止权，即双方可以提前终止条约的权利。银行与投资者行使提前终止权对于预期收益率具有不同的影响。首先是银行行使提前终止权时，可以有效地降低理财产品的风险，提高理财产品的预期收益率。客户行使提前终止权，会造成理财产品资金池资金减少，还有可能面临着赎回风险，对理财产品的投资计划造成影响，进而降低理财产品的预期收益率。

（3）起购金额

商业银行发行理财产品需要约定起购金额。目前，商业银行理财产品的起购金额一般是 5 万元，最高的有 400 万元以上起购。一般在委托期限、投资标的等条件均相同的情况下，起购金额越高的理财产品预期收益率越高。

造成这一现象主要有以下几点原因：第一，起购金额高，对相同数量的客户将会募集到更多的资金；第二，银行获得投资资金越多，在投资标的选择及调配上就更具灵活性，降低了投资标的回调的资金风险；第三，客户数量少，可以降低银行的管理成本，间接地提高理财产品的收益率。

（4）流动性

可抵押类理财产品是银行在理财产品协议中与投资者约定，若投资者将来急需资金，可以将该理财产品抵押给银行的理财产品，但不同的商业银行发行的理财产品可以抵押的比例是不同的。另外，在抵押期间客户需要提供利息。可抵押的设计提高了理财产品的流动性，消除了客户对现金流的担忧，使得客户在必要时可以通过抵押理财产品来获得贷款，相较于不可抵押的理财产品往往更受欢迎，但该类理财产品的收益率与不可抵押类理财产品相比，一般没有优势。在办理抵押贷款时，理财产品一般只能到发行行进行抵押，办理较为便捷，但考虑到抵押时间所产生的利息，将会使得理财产品收益率大大降低，如果投资者抵押的期限较长，收益可能为负。

## 第二节　智慧理财的风险识别

互联网金融在我国的发展时间虽然短暂，但其呈现出的发展态势，却远超人们想象，其根本原因是政府对互联网金融行业的大力扶持，以及行政监管上的宽松。正因如此，越来越多的传统金融机构及互联网企业尝试拓展自己的经营边界，将金融业务与互联网技术相结合。

这种放任发展的跨界经营模式尽管短期内能够带来整个行业的高速增长，但若不在发展初期就对其可能存在的风险和问题防微杜渐，很有可能透支的是未来的健康发展，甚至危及我国金融行业整体的稳定性。

### 一、智慧理财的风险理论

#### （一）信息不对称理论

信息不对称理论也是研究金融风险的一个重要理论基础，其理论认为在市场交易活动中，因为买卖双方所能获取的信息不一致，导致拥有信息较少的一方在交易中处于不利地位，因此占据交易劣势。其一般分为事前信息不对称和事后信息不对称。

事前信息不对称是指发生在交易之前的买卖双方信息不对称，举例来说，在二手市场里，卖家对二手物品质量的了解肯定比买家要更深刻，但买家在为了维护自己的权益，又缺乏渠道去对二手物品质量做进一步了解的情况下，便只愿按照二手市场的物品平均价格去讨价还价，这势必会造成那些质量高于平均价格的二手物品退出市场，最终导致只有劣质商品才有机会成交的结果，进而拉低整个二手市场的交易水平，形成一次二手市场的"逆向选择"。

而事后信息不对称则是指发生在交易活动之后的买卖双方信息不对称，其结果是对买方来说极易产生道德风险（Hidden information）。事后信息不对称可能产生在以下三种关系中：一是委托代理关系，一旦代理关系确定之后，委托方并没有一个明确有效的手段可以控制代理人一方的决策，于是代理人一方可能会违背自己的职业道德，以自己而不是委托方的利益最大化为目标，做出有损于委托方利益的选择。比如在建筑工程中，代理人一方为了谋取私利，刻意选择劣质材料，不严格按照委托方的要求进行工程的执行与监督，最终使委托方的风险加大，并造成损失。二是借贷关系，一旦借贷关系确立，贷款人也可能不按照借贷合同的要求，而把资金用于不正当业务与非法业务，给借款人带去风险。三是保险关系，一旦与保险公司的合同正式生效，投保人的行为就很难保证和以前一样谨小慎微，其对自己财产保护的警惕性以及规避风险、事故发生的积极性都会大幅减弱，这也会加大保险公司的风险，一旦风险发生，就需要承担相应的损失。

信息不对称理论对智慧理财来说提供了一种全新的思路，其理论中的逆向选择与道德风险都可以有效应用智慧理财相关场景中，可以为进一步规范智慧理财产品市场提供理论支撑，为我们继续发展智慧理财产品打下坚实的基础。

### （二）全面风险管理理论

随着金融领域跨界经营的模式越来越普及，使得金融行业面临的风险更加复杂，因此要想更进一步提升金融行业风险管理的水平，就不得不对风险管理理论有更高的要求。

2004年6月，随着新巴塞尔协议的颁布，世界上一些大型银行率先将全面风险管理纳入银行管理系统，这标志着一个新时代——全面风险管理时代的到来。全面风险管理理论源于资产风险管理理论和债务风险管理理论。1992年，美国COSO委员会（全美反舞弊性财务报告委员会发起组织）发布的《内部控制整合框架》为该理论构建了五个要素：控制环境、风险评估、控制措施、信息和通信、监测。目的是控制公司风险，以规范公司的运作模式。

综上所述，将这些理论运用于互联网平台，互联网平台需要从平台的运作环境、产品的风险评估、产品的风险控制措施等方面进行多重考量，建立相应授权规范和问责制度，从互联网平台的内部控制理财产品的风险。另外，平台应建立对应的风险管理部门，并根据外部经济环境和监控当局的要求，对风险管理体系进行完善和调整，从而控制智慧理财产品的风险。

### （三）金融体系不稳定性假说

金融体系不稳定性（脆弱性）假说是由美国经济学家海曼·P.明斯基率先提出来的，是指由于金融体系和结构的不平衡导致的金融风险的积累，而使金融体系失衡的一种结构性风险。该假说认为金融体系本身具有内在的不稳定性及脆弱性，因此金融风险是普遍存在的，金融危机也因此无法避免。

明斯基把金融危机很大程度上归因于经济的周期性波动。由于经济周期的存在，在经济发展越来越好的时候，投资者便敢于冒险，大量向金融机构借款，以此提升自己企业在市场中的竞争力，而当经济繁荣的时间越长，投资者的冒险也就越多，甚至不乏企业家会选择过度冒险，加大金融机构贷款杠杆。一步一步地，投资者会到达一个临界点上，一旦经济的发展不符预期，开始走向下降轨道，则对企业家来说，其资产所产生的现金便不足以偿付他们用来获得资产所举的债务，导致投机性资产的损失，促使放贷者收回其贷款，进而导致金融体系出现结构性不稳定，并随后走向整体崩溃。

而经济周期之所以无法避免，金融体系之所以很难跳出经济发展的周期率，会出现周期性兴衰，明基斯基于自己的研究认为主要有以下两点原因：一是代际遗忘，随着周期性金融危机的过去，经济的重新复苏，企业家们及金融机构开始忘记曾经冒险贷款所带来的痛苦，而在新一轮经济周期中免不了重蹈覆辙；而又因为市场竞争的过度激烈，导致金融机构不得不放宽贷款审核政策，否则他们便会在残酷的市场竞争中难以存活下去。因此，明斯基认为金融体系的不稳定性是现代金融最重要的特征。

### （四）金融危机传染理论

金融危机的传染，一般可以分为接触传染和非接触传染。接触传染是指金融活动实体之间存在密切复杂的业务关系，一旦经济实体因金融危机而遭受巨额损失且无法维持其流动性，它将不可避免地通过资金或业务联系的影响，使其他联动的经济实体受到影响，由此使单一或局部的金融危机演变为全球金融危机。而非接触传染是指，一旦局部金融出现危机并被大众所知，将影响公众对金融的信心，或可能引发全民挤兑、集体赎回之类的非理性举动，由此使金融发展陷入恶性循环，更进一步加深局部金融危机，使之演变成全局的金融动荡。

### （五）金融资产价格波动性理论

金融资产价格的频繁波动是金融风险的另一个重要来源，其波动原因与信息的不对称相关。

经济学家们普遍认为，经济主体不能完全理解决定金融资产未来变化的各种因素，从而大大降低金融市场的有效性和完整性，加剧金融市场的不平衡。该理论还包括其他理论分支，如经济泡沫理论、股票价格波动理论和汇率波动理论。其中，经济泡沫理论认为影响人们行为的预期因素和信息因素导致了经济泡沫的形成，而资产价格的上涨通常伴随着预期的逆转，导致价格快速下跌，最终形成金融危机。

## 二、智慧理财产品的一般风险

智慧理财产品虽然在展现形式上借助了互联网的技术力量，但本质上其所售卖的还是传统的金融理财服务，只不过随着互联网信息技术的兴起，大量移动智能设备的普及，让这种传统金融理财服务可以不依赖于实体网点而触达终端用户，正因如此，智慧理财产品也不可避免地继承了许多传统金融理财产品的风险特性。

### （一）市场风险

根据金融体系不稳定性假说，金融风险本就是一种常见的周期性现象。而金融风险一旦发生，必然会引发金融市场的连锁反应，对诸如利率、汇率、股票价格等金融因素产生影响，从而导致市场风险的发生。

而汇率、股票价格的变动都跟利率强相关，因此，利率风险也是所有市场风险中最重要的风险。考虑到我国目前经济正处于转型过程中，一旦金融体系内部发生市场风险后果将不堪设想，因此，针对这一风险我们必须予以重视。

### （二）操作风险

操作风险是由公司不健全的操作流程和标准制定造成的，本质上是人员、流程、制度和外部环境混乱造成的风险。

例如，对外部客户的松散审计可能带来欺诈、伪造和纠纷等风险，而对内部人员的不当管理可能带来越权、串通、错误和盗窃等风险，以及系统停机和产品缺陷等风险，所有这些风险都可能被操作风险所涵盖。

操作风险的风险因素主要来自各种传统金融机构和互联网金融企业的业务运营和信息系统运营维护。从承保范围来看，操作风险几乎涵盖了不同风险的所有方面。它不仅包括日常业务处理流程中频率较高但损失相对较低的小缺陷，还包括频率较低但会造成巨大损失甚至危及企业生存的自然灾害和大规模欺诈。因此，操作风险是一个非常广泛的领域，几乎不可能用一种方法管理运营覆盖的所有操作风险领域。

### （三）信用风险

根据信息不对称理论，在智慧理财产品的交易过程中，买卖双方所拥有的信息是不对称的，在这种情况下，信用风险也是金融投资过程中需要密切关注的一种风险，也被视为借款人违约的风险。

信用风险的发生也与经济运行的周期率有关。根据金融系统的不稳定性理论，金融风险本身是一种常见的周期性现象。因此，一旦经济发展达到最低点，导致经济收缩，社会整体盈利能力减弱，借款人因各种经济问题而无法按时足额还款的概率将会增加，这将加大信用风险发生的可能。而反之，当整体经济处于扩张期时，这类风险发生的可能性就会变小。

以上，我们对智慧理财产品的市场风险、操作风险和信用风险进行了识别和分析。从某种意义上说，这三种风险也是理财产品的常见风险，无论是传统的金融理财产品还是智慧理财产品。

## 三、智慧理财的风险

### （一）智慧理财技术风险

技术风险是金融与信息技术结合的必然产物，根据全面风险管理理论，当我们思考智慧理财产品风险的时候，需要结合平台的运作环境来进行风险识别，而环境必然包含了外部环境与 IT 环境。

结合金融体系不稳定性假说，我们也可以引申出，针对智慧理财产品而言，金融体系的不稳定性，一方面是金融体系本身的不稳定性，另一方面则是智慧理财平台所选用的技术架构，可能因为技术上的不稳定而为金融体系带来一系列的风险与问题。

再依据金融危机的传染性，一旦智慧理财平台遭受病毒或黑客的恶意攻击，考虑到互联网平台本身就更易于广泛传播的特征，其危机的传染势必更加容易，也必将使危机的危险指数及影响面积倍数增长，因此，智慧理财产品相比传统金融机构推出的理财业务，因其依托于计算机和网络技术，天然就面临着更高的技术风险。

参考银保监会《电子银行业务管理办法》，认为互联网金融所存在的技术风险至少包括：互联网基础设施设备运营不稳定性风险、互联网恶意入侵风险、互联网理财数据传输泄露风险以及互联网企业员工技术操作不当风险。在对互联网信息技术风险的分析识别中，我们用到了下述理论，如图 2-1 所示。

```
风险理论              一级风险              二级风险

┌─────────────┐                        ┌──────────────────┐
│ 金融体系不稳定性 │                    │ 互联网基础设施设备 │
│    假说      │                       │  运营不稳定性风险  │
└─────────────┘                        └──────────────────┘
                                       ┌──────────────────┐
┌─────────────┐      ┌──────────┐      │   互联网恶意入侵   │
│ 金融危机传染  │ ──→ │ 智慧理财技术 │ ──→ │       风险       │
│    理论      │     │    风险   │     └──────────────────┘
└─────────────┘     └──────────┘      ┌──────────────────┐
                                       │ 互联网理财数据传输 │
┌─────────────┐                        │     泄露风险      │
│ 全面风险管理  │                       └──────────────────┘
│    理论      │                       ┌──────────────────┐
└─────────────┘                        │ 互联网企业员工技术操│
                                       │    作不当风险     │
                                       └──────────────────┘
```

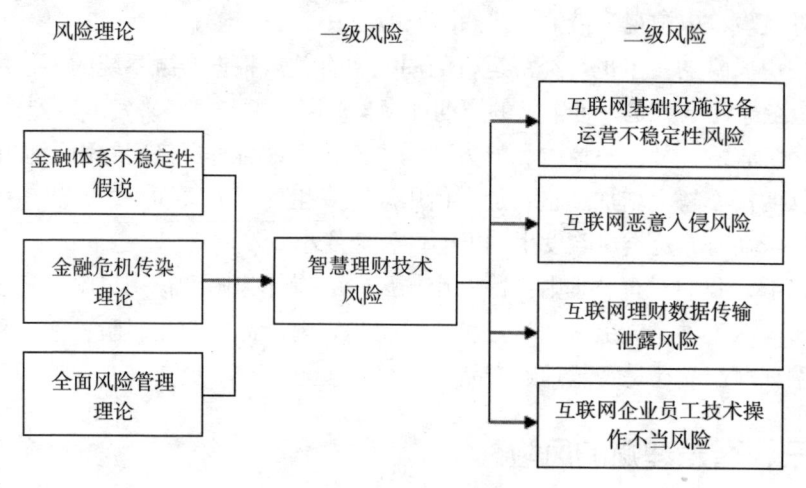

图 2-1　智慧理财技术风险识别

**1. 互联网基础设施设备运营不稳定性风险**

稳定可靠的硬件设施及通信设备是所有智慧理财业务开展及顺利完成的基石，因此我们必须保障互联网底层硬件设施及通信设备的稳定，否则将为其后续的业务发展埋下重大隐患。

**2. 互联网恶意入侵风险**

不同于传统金融模式，互联网金融对网络安全的依赖要高得多。而互联网信息网络及软件系统的安全及稳定指数将直接影响其抵御攻击的能力。

例如，很多网络病毒都可以利用计算机软件系统的漏洞，去盗取核心的客户资料信息，而对互联网金融服务提供商来说，这种风险是致命的。实际上这也在于传播的特征，结合金融危机传染理论，一旦发生互联网恶意入侵事件，其导致的风险后果将更加严重，所以没有完善的网络及软件系统，就不能抵抗互联网上的恶意入侵风险。

**3. 互联网理财数据传输泄露风险**

数据泄露也是由于技术上的不健壮（脆弱性）所导致的，由权威机构统计：近年来信息安全事件中 75% 都是数据泄露事件。

按照数据泄露发生的主观原因，一般可分为盗窃、泄露和泄密。盗窃主要指外部人员（如间谍、黑客、竞争对手等）对信息和数据的恶意窃取，而泄露和泄密则是由内部人员有意无意间造成的。但是按照中国的实际情况，有近 80% 的泄密事件都是由人为主观因素所造成的。

从根本上来说，以上信息数据的丢失都是由于技术或管理层面的疏于防范所导致的。这些缺失，就是企业安全防护体系中的短板，随时都会对企业的正常发展产生威胁，因此需要重新审视及重视数据泄露的保护措施。

4.互联网企业员工技术操作不当风险

当前，我国互联网金融公司的发展水平各有不同，业务模式及业务重点也有所区别，行业内也没有形成统一的安全管理方法，因此按照全面风险管理理论，在互联网金融企业内部，也需要对员工技术操作方面的风险加以防控。

企业内部需对员工安全培训及操作流程进行严格的定义与执行。一旦缺乏严格的控制与指导，在这种情况下，内部员工的一次操作失误，很可能会造成公司核心资产的流失，为公司理财业务的健康发展带来影响。

## （二）智慧理财产品风险

智慧理财产品虽然依托于互联网技术，但按照社会交换理论，其本质上售卖的也还是与传统金融产品并无本质的服务，所以不管是对于投资者而言，还是对于平台而言，其核心都是为了获得各自资产的增值，所以传统金融产品所拥有的风险，也还是会存在于智慧理财产品时代。

根据金融资产价格波动性理论，当理财用户在进行互联网投资理财时，其购买理财产品是否能达到预期的收益率也是无法保证的。随着资产价格以及利率的波动，其能获取的整体收益也将随之波动，一旦用户为获得更高的收益而把理财周期无限加长，则又会带来更高的流动性风险。而投资收益的变动与利率的变动又息息相关，因此利率的风险大小也直接与理财用户能获得的理财收益有关。

根据全面风险管理理论，当用户在理财平台上进行了理财投资之后，一旦由平台原因或理财产品的原因导致用户亏损严重时，投资者所进行的投资是否有额外的理财保障又成了另一个理财风险来源。

所以，按照互联网金融风险理论，智慧理财产品的风险包括：智慧理财流动性更高风险、智慧理财利率风险以及智慧理财保障风险。在智慧理财产品的风险识别中，我们用到了下述理论，如图2-2所示。

```
风险理论              一级风险              二级风险

┌──────────────────┐                    ┌──────────────────┐
│ 金融资产价格波动性理论 │                  →│ 智慧理财流动性更高风险 │
└──────────────────┘   ┌──────────┐     └──────────────────┘
                    →  │ 智慧理财  │    ┌──────────────────┐
┌──────────────────┐   │ 产品风险  │  → │ 智慧理财利率风险    │
│ 全面风险管理理论    │ → └──────────┘    └──────────────────┘
└──────────────────┘                    ┌──────────────────┐
                                      →│ 智慧理财保障风险    │
                                        └──────────────────┘
```

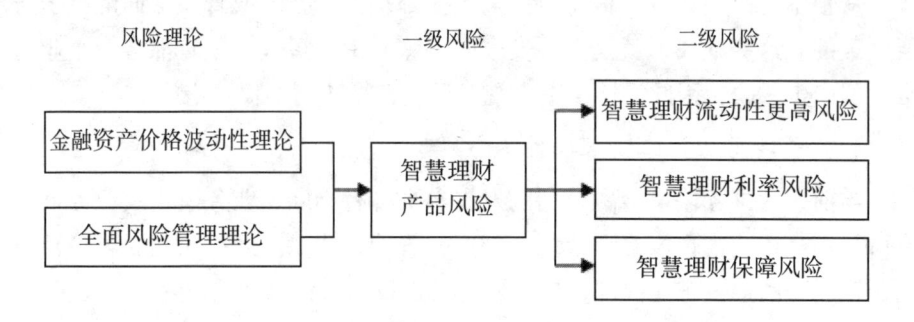

图 2-2　智慧理财产品风险识别

1. 智慧理财流动性更高风险

智慧理财流动性风险是指智慧理财企业无法按照预期获得足够的资金或以合理的成本获得足够的资金来处理资产迅速扩张或偿还企业欠款的风险，以及投资者无法按照预期期限和收益标准实现资金与资产转换的风险。

利用大数据技术进行智慧理财管理可以最大限度地提高资金的供需，刺激供需的同步增长，但也增加了不合理匹配的可能性。一旦这种可能性迅速增长，投资者变现的能量将在某个时间点汇总，这将产生可怕的挤兑压力。

除此之外，传统金融机构普遍受到存款准备金和存款保险制度的制约，它为防范资金的流动性风险设置了底线，而互联网金融管理缺乏对短期负债和不可预见的资本外流的经验和措施，一旦大规模挤兑发生，将迅速引发整个互联网金融系统的流动性风险。

2. 智慧理财利率风险

按照金融学理论，利率的波动将直接影响金融资产价格的稳定。而与传统金融产品一样，金融市场的利率变动也决定了智慧理财投资者的整体收益情况，因而利率的稳定与否很可能给投资者带来整体收益上的风险。

3. 智慧理财保障风险

虽然大部分智慧理财产品均宣传由保险公司全额承保，但按照全面风险管理理论，投资者在进行理财投资时，仍需注意账户的安全问题以及理财保障的具体条款中是否含有对自己不利的因素。特别是在互联网上，投资者所面临的理财风险更为复杂，因个人信息失窃或泄露所引发的账户被盗而导致投资者蒙受损失的事件层出不穷，所以对于投资者来说作出理财决策仍需谨慎。

## （三）智慧理财平台风险

智慧理财产品的兴起打破了过去投资双方所面临的交易壁垒，使得交易更易发生。与此同时，平台可以基于互联网大数据，从各种渠道获取用户信息从而整合出一幅完整的用户画像。而对用户而言，他们只能依靠平台本身来了解平台，所以在理财平台与理财用户之间，天然就存在着信息上的不对称。而按照信息不对称理论，一旦平台与用户之间的这种不对称发生，一方面理财用户很难在合适的平台上买到最适合自己的产品，另一方面理财用户也会变得越来越不信任平台，哪怕平台把自己的理财产品吹得天花乱坠。用户唯一的方法就是试图用最低的价格去购买能带来最多收益的产品，而用户过低的价格也使得平台既不愿意提升自己的服务质量，也不愿意为了保障用户的资金安全而付出更多的努力，从而降低了智慧理财整体市场的服务水平，提升了风险，甚至由此出现更多的非合规理财平台。在智慧理财平台的风险识别中，我们用到了下述理论，如图 2-3 所示。

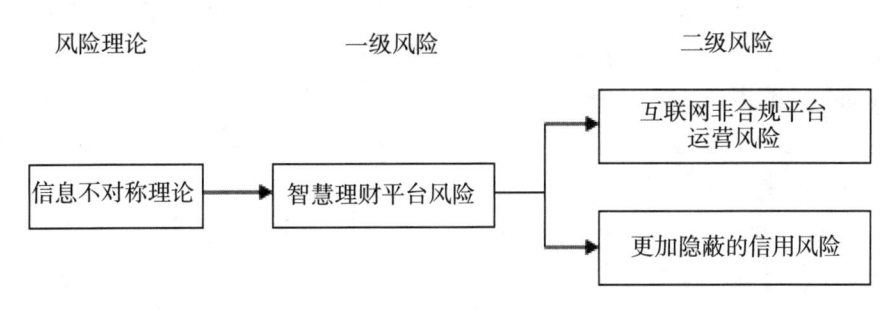

**图 2-3　智慧理财平台风险识别**

1. 互联网非合规平台运营风险

由于政府对智慧理财行业的监管滞后，无法跟上行业本身的创新速度，导致无法对智慧理财运营平台的合规与否作出及时有效的判断，致使整体智慧理财市场中充斥着大量没有从业许可资质以及没有金融业牌照的企业也在面向广大消费者提供理财服务。

而这些平台内部的运营是否符合规范，IT 架构是否足够安全，风控机制是否强力有效……这些信息对投资者来说都是不可见，也是无处获知的。所以，按照信息不对称理论，在这种情况下，投资者是信息绝对贫乏的一方，将导致在进行理财投资时，无法作出对自己最有利的决策，而平台也将利用这种信息不对称更疯狂地扩张圈地，抢占市场，又使风险进一步加剧。

## 2. 更加隐蔽的信用风险

信用风险，也称为违约风险，是指交易过程中，交易对手因各种原因不愿意或无法履行合同条件而导致交易对方遭受损失的可能性。其也是金融活动中最常见的一种风险，即交易双方无法完全履行合同的风险。

这种风险发生在大多数金融业务中。一旦金融机构不能及时发现资产损失，且没有做好预期的风险管理，其将面临严重的后果。而互联网金融活动以互联网信息技术为载体，面对理财用户的复杂程度远比传统金融活动更甚，且联系我国的实际情况，一直没有建立完整统一的个人征信记录，导致互联网平台本身缺乏一个权威的渠道去获取理财用户的征信数据，而对于用户来说，也没有一个统一的平台去得知理财平台合规与否，因此在交易双方进行交易的时候，双方都面临巨大的信用风险。

## （四）智慧理财外部环境风险

按照金融体系不稳定性假说，金融脆弱、金融危机和经济周期的发展具有天然的内生性，金融和经济运行的周期变化为市场经济的自我调节，且政府干预不能从根本上消除银行脆弱性。所以，基于这种理论，我们把经济危机视为一件周期性的事情，是无法被彻底消除而隔一段时间就会发生的事情。再考虑到金融危机传染理论，一旦经济危机发生，如果控制不当，则势必由局部的经济危机引发全局的经济动荡，而这种危机与动荡又会影响公众对经济发展的信心，更进一步将经济危机推入恶性循环，最终使经济危机的影响变得更为严峻。在智慧理财外部环境的风险识别中，我们用到了下述理论，如图 2-4 所示。

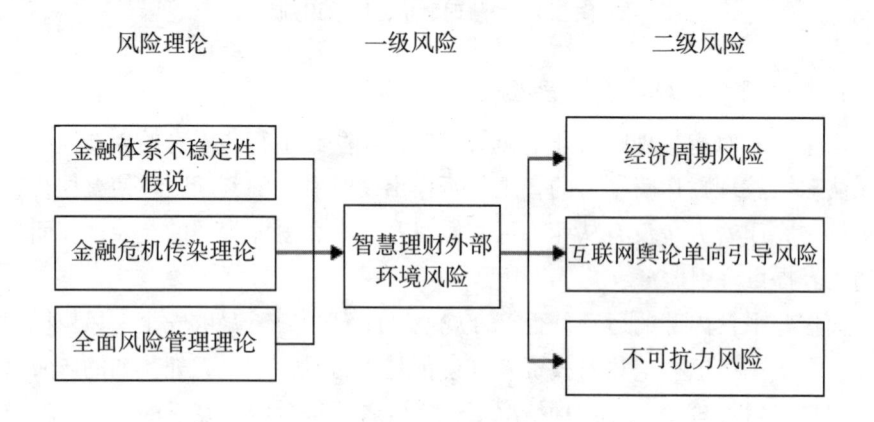

图 2-4 智慧理财外部环境风险识别

1. 经济周期风险

经济周期风险对智慧理财来说，也是无法规避的风险之一。当系统性金融风险发生时，大量实体经济客户将面临还款能力丧失而导致其经营状况无以为继的局面，而微观层面的风险控制并不足以应付大规模的金融风险，即经济周期风险出现。由此可见，做好互联网金融行业除了需要对技术本身有足够深入的了解之外，还需要企业内部有金融或经济方面的资深人才，以便能对经济周期风险作出足够专业的预判。

2. 互联网舆论单向引导风险

金融危机的传染分为接触传染与非接触传染，而一旦金融危机发生，危机舆论的广泛传播就是非接触传染的一种，其传播越广泛，将越影响公众对金融的信心，由此使金融发展陷入恶性循环，更进一步加深局部金融危机，使之演变成全局的金融动荡。

互联网金融在中国迅速发展的同时，对投资者的风险教育却呈现严重不足的局面。举例来说，大多数人对智慧理财产品的认知仅止于余额宝，在他们的认知里，所有的智慧理财产品都跟余额宝差不多。而事实上很多其他的智慧理财产品，其运作模式与风险状况都迥然有异于余额宝。于是在大量理财用户不明就里地贸贸然投入到智慧理财大潮中时，必然会隐藏着更大的理财风险。

比如正是因为大量的理财用户对 P2P 的风险情况认知不足，导致过去几年的时间里，越来越多的理财用户开始进行 P2P 理财投资，而当 P2P 理财风险开始爆发，最终导致了 2018 年以来大量 P2P 机构相继涌出，很多在这些 P2P 机构进行投资的智慧理财用户血本无归，赎回无门。而与此同时，诸多媒体开始在舆论市场上大肆宣扬 P2P 爆雷事件，导致理财用户的自信心进一步受损，纷纷开始挤兑，某种程度上，这种单向舆论引导对整个行业以及理财用户来说都是极大的风险，最终导致的结果很可能是两败俱伤。

3. 不可抗力风险

地震、飓风、海啸这类不可预测的自然灾害，以及国与国之间的突发性战争、恐怖袭击，还有借款人不幸过世等不可抗力因素导致借款人无法还款，尽管这类因素发生的概率较低，但按照全面风险管理理论，一旦发生，也需考虑到如何对投资者进行善后处理的问题。

（五）智慧理财政策法规风险

目前，互联网金融仍是一个政府部门监管较少的行业，因此其不像信托、银行、股票、保险那样,有比较健全的政府监管与法律法规的约束。

尽管当前的政策环境相对宽松,但是未经公布的宏观经济调整政策及行业监管方针,对所有智慧理财公司来说都是无法预知的风险。根据金融体系不稳定性假说,虽然其认为政府干预不能从根本上消除金融体系的脆弱性,但在一些大的方向上,国家经济政策以及监管政策的宏观调整,却深刻影响行业发展,所以在其风险识别中,我们用到了下述理论,如图 2-5 所示。

风险理论　　　　　一级风险　　　　　　二级风险

```
全面风险管理理论 ┐                          ┌ 国家经济政策方向的宏观调整风险
                 ├─ 智慧理财政策法规风险 ─┤ 互联网金融监管政策调整风险
金融体系不稳定性假说 ┘                      │ 智慧理财立法滞后风险
                                             │ 智慧理财立法不健全风险
                                             └ 智慧理财监督不足风险
```

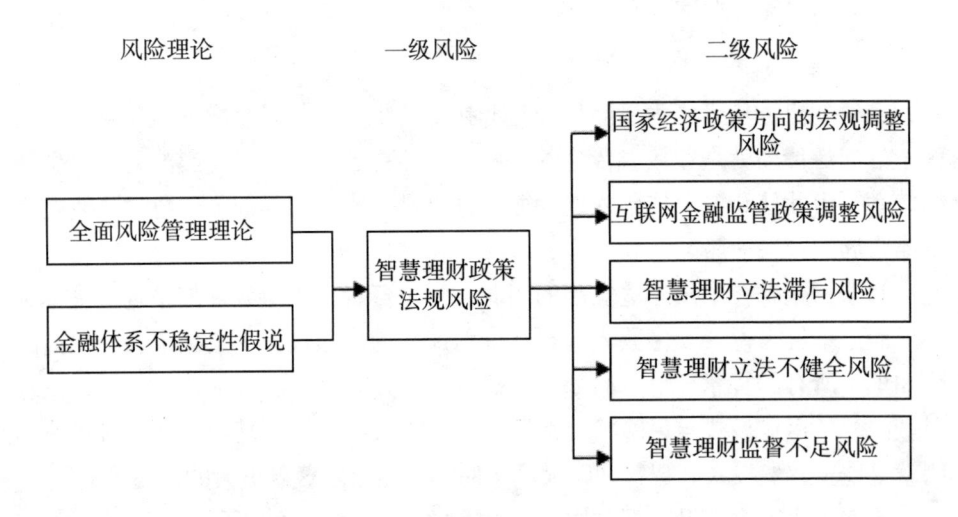

**图 2-5　智慧理财政策法规风险识别**

1. 国家经济政策方向的宏观调整风险

按照全面风险管理理论以及金融体系不稳定性假说,国家经济政策方向上的宏观调整在很大程度上影响整个金融体系,而智慧理财作为金融体系的一部分,其在我国的高速发展,也自然离不开国家政策的大力支持。但国家一旦调整了经济政策的方向,也会在一定程度上影响智慧理财行业的发展。

2. 互联网金融监管政策调整风险

根据全面风险管理理论,当经济政策发生变动之时,与之对应要改变的则是相关的监管政策。随着智慧理财行业的规模持续壮大,其风险的发生概率不仅随之增加,风险影响也会越来越大。

因此,按照国务院的指示,中国人民银行有义务并且也有必要领导有关部门认真研究并制定相应的指导意见,从政策层面来保障智慧理财行业的可持续稳定发展。

由此可知，中国人民银行对于智慧理财行业的监管是下定决心的，而从这里也可以看出，监管政策的调整对智慧理财行业来说永远是风险来源之一。而这种无法预判的政策风险，很可能会直接改变很多智慧理财平台的业务运营模式，甚至对一些非合规的智慧理财平台直接宣判死刑。

所以，虽然当前整体的宏观经济环境对互联网金融行业的发展十分有利，但一旦调整了经济政策方向，以及改变了监管策略，这些政策层面的风险也是互联网金融创业者需要重点关注的。

3. 智慧理财立法滞后风险

全面风险管理是指为了配合公司的业务目标，在企业管理的各个方面建立基本的风险管理流程，培育良好的风险管理文化。所以，对智慧理财行业而言，也需结合行业的实际发展情况，围绕着行业健康发展的目标去制定专属于智慧理财行业的相关法律。

目前，智慧理财在我国的发展时间还相对短暂，与行业实际发展情况配套的相关法律法规的制定也有所滞后。而且考虑大部分立法人员对智慧理财行业的了解与认识不足，导致当前我国的智慧理财立法主要还是借鉴了传统金融业务的发展状况，造成的直接结果是智慧理财行业的法律法规完全无法应付智慧理财业务形态与运营模式日新月异的变化，这也导致大量的智慧理财产品创新、交易方式创新游走于"灰色"地带。

从当前的实际发展状况来看，智慧理财作为一个新生事物，横跨互联网及金融两个行业，在立法上的滞后就更加剧了智慧理财的发展风险。

4. 智慧理财立法不健全风险

与立法滞后相对应的是，虽有立法，但立法很不健全。因为智慧理财的新生事物属性，导致立法部门在立法时，无法将其法律问题考虑得十分周全，因此相关智慧理财法律即使出台之后，也可能出现立法不健全的风险。

5. 智慧理财监管不足风险

有立法无监管，则法律条文很容易成为一纸空谈，也就没有做到完全的全面风险管理。只有既有健全的立法又有相应的监管措施，才是彻底实施了全面风险管理。

P2P 平台在很多人看来只是承担了借贷双方信息中介的功能。但究其本质，P2P 平台实际上却是一个金融中介，从事诸如分割贷款目标、为借贷双方作信用背书，以及代理销售等工作。但由于我国政府部门的监管不足，对 P2P 平台内部的运营是否合乎规范、风控机制是否健全、信息披露是否足够透明有效等都缺乏统一的监管和治理，客观上为 P2P 行业的健康发展带来了安全隐患。

总之，在智慧理财风险短期内不能被完全消除的大背景下，智慧理财行业的发展越是迅速，规模越是壮大，其积累下来的风险指数也就越高，且一旦风险发生，其造成的影响与后果也就越发严重，因此加快对智慧理财行业的风险治理已刻不容缓。

## 第三节　从风险角度看智慧理财产品

### 一、低风险的理财产品

银行存款和国债由于有银行信用和国家信用作保证，具有最低的风险水平，同时收益率也较低，投资者保持一定比例的银行存款主要目的是保持适度的流动性，满足日常生活需要和等待时机购买高收益的理财产品。

### 二、较低风险的理财产品

较低风险的理财产品主要为各种货币市场基金或偏债型基金，这类产品主要投资于同业拆借市场和债券市场，这两个市场本身就具有低风险和低收益率的特征，再加上由基金经理进行专业化、分散化投资，使其风险进一步降低。

### 三、中等风险的理财产品

信托类理财产品，是由信托公司面向投资者募集资金，提供专家理财、独立管理，投资者自担风险的理财产品。投资这类产品，投资者要注意分析募集资金的投向、还款来源是否可靠、担保措施是否充分、信托公司自身的信誉如何等。

外汇结构性存款，作为金融创新产品，通常是几个金融产品的组合，如外汇存款附加期权的组合。这类产品通常有一个收益率区间，投资者要承担收益率变动的风险。

偏股型基金，是由基金公司募集资金按照既定的投资策略投向股市，以期获得较高收益的一类产品。由于股市本身的高风险性质，这类产品风险也相对较高，本金也有遭受损失的可能。

## 四、高风险的理财产品

股票、期权、黄金、艺术品等投资项目,由于市场本身的高风险特征,投资者需要有专业的理论知识、丰富的投资经验和敏锐的判断分析能力才能在这类市场上取得成功。

# 第三章　数字化时代下的众筹模式

众筹模式为各行业创造了巨大机会，全新的筹资模式也引起了各国政府的注意，推出了相关监管和鼓励措施，或是对以往金融监管条例进行引申，以解释众筹模式各环节。由于众筹模式的公开性，可以较为方便地分析成败影响因素，并与传统风险投资进行对比。本章分为全面了解众筹、常见的众筹网站平台、众筹投资理财的技巧三部分。主要内容包括：众筹的概念、众筹的分类、众筹的运营模式、众筹的发展历程等方面。

## 第一节　全面了解众筹

### 一、众筹的概念

募资人为了完成某个项目或风险投资而通过网络平台募集众多的小额资金的行为即为众筹。众筹的参与人主要包括出资人、众筹平台和募资人，这些参与人并不是传统意义上的主体。立足于对民法的考察可看出，自然人、法人以及其他组织和国家是传统意义上的主体。对于众筹来说，没有限制最低的投资数额，具有较低的准入标准。而募资人一般多为中小企业主或创意产品的所有者。

众筹的首要特点就是每个出资人一般要先支付资金来完成众筹项目，出资人绝大部分都是互联网用户。在众筹项目完成后，绝大部分众筹项目的回报都不是资金回报而是产品回报，对于众筹的出资人而言，是对其消费金额进行支付；对于募资人而言，对众筹项目的完成主要依靠上述资金。如此，既能够对要求个性化和特殊化产品的出资人的需求进行满足，还可以在资金上为募资人提供支持。众筹平台使得有剩余资金的出资人与有创意但是缺乏资金支持的人得以相遇，使募资人融资筹款成为可能。

众筹平台就是指创意人向出资人介绍自己的创意，然后募集资金促进自己项目进行的公众平台。众筹平台的基本属性是一个中介机构，原因是平台不参与众筹项目。众筹平台具有连接性、中介性。由此看来，众筹平台不仅要保护出资人的根本利益，也要在其平台上开展项目审查工作。

众筹项目发起人的显著特征是大都缺乏资金，但是他们都有一个好的项目或者好的想法，这使得他们必须通过融资才能完成自己的项目。募资人要想众筹融资，必须在相应的众筹平台上进行操作，并且必须有具体的目标，也就是说通过众筹平台融资才能够达到为项目融资的效果。比如募资人为了建造一座足球场而众筹，筹资的资金必须用到足球场的建设上来。但是募资人需要注意的是，当他筹集到足够多的资金之后，他可以给出资人以实物作为回报，但是不能以股权、分红、利息、债券等形式作为回报。对于这种行为，在证券业协会未颁布相应的规范性文件之前，属于对法律强制性规定的违反。对于募资人而言，也必须保持与法律规定相一致，不得违反相应的强制性规定开展资金募集的活动。其应当符合法律、法规或规章的规定和融资应该具备的条件，否则不能进行项目融资。

众筹平台上的项目一般都是具有创新性的项目和产品，这种类型的众筹项目更容易通过预售的方式来达到宣传的目的。对于项目发起人而言，其在众筹平台上进行筹资活动，主要原因是对自己的资金压力进行缓解，并不一定就是缺乏相应的资金。同时，众筹的融资活动，能够使风险变得分散，对自己承担的风险能够有效降低。按照传统的融资模式进行的融资，风险具有集中性的特点，所以无法实现资金规模较小的投资者进入。由此可看出，众筹模式能够吸引和允许众多的投资者进行投资，有利于在短期内使募资人完成相应的资金目标，更多的出资人加入可以分散项目本身带来的融资风险。

## 二、众筹的分类

### （一）债权众筹

债权众筹是针对出资人开展的，通过对项目投入一定的资金取得相应比例的债权，并且主要是通过对资金利息的收取获得相应的本金和利息。

债权众筹在一定形式上与 P2P 相似。债权众筹的募资人一般是通过质押资产，借贷来获得资金，因此出资人成为债权人。债权众筹对出资人的回报是按照质押财产时约定的比例给予利息，出资人从众筹项目获得的利益一般包括本金及募资人承诺的收益。在清算众筹项目时,债权人具有优先受偿权。债权人通过获得投资项目一定数额的债权作为投资资金,然后通过收取利息的方式获得收益。

## (二)股权众筹

### 1. 股权众筹的概念

股权众筹与债权众筹两种方式具有差异性。对于股权众筹来说,主要是通过互联网平台,出售相应的股权给潜在的出资人以此来实现融资的一种方式。并且对于出资人来说,可以实现对项目的早期创业,实现经济效益的提升;对于募资人来说,可以为项目的完成提供资金的支持。

### 2. 股权众筹的功能

(1)投融资需求对接的功能

一方面,许多创业者和小微企业起步阶段缺乏资金,普通融资市场中金融融资渠道门槛较高,渠道过窄,对其帮助有限;另一方面,普通融资市场入场条件严格、消息公开不充分,一般投资者要不就是进不来,要不就是进来后受到"信息歧视"。"公开、小额"的股权众筹为投资者提供了资金换取股权的机会,它通过融资项目集合众多小型投资者的闲散资金,满足了他们的投资需求,为募资人在资本市场中寻觅到不同于贷款、上市等筹资的方式,满足了企业发展的资金需要,降低了小微企业和初创型企业的筹资成本。

(2)资本有效再分配的功能

股权众筹通过调动中小资本的积极性实现社会资本优化配置,进而提升资本市场的丰富性和层次性。许多金融投资方式门槛高,普通投资者难介入,或者融资总额大,一般投资者因投资额占比小而没有话语权,导致有许多闲置资金沦为沉睡资本。股权众筹赋予了普通民众直接参与权益投资的机会,能够充分激活和调动沉睡资本的潜在活力,在较短时间内为处于各类行业起步阶段的小微型企业提供助力成长的启动资金。伴随领头企业的成功又会带动一批相关企业的繁衍生息,形成企业集中、项目集中、行业集中的良好态势,让有技术优势和发展潜力的企业生根发芽、开花结果,进而盘活一个地区的产业,促进技术迭代升级,焕发市场勃勃生机。

(3)引导资金合理流向的功能

近年来,中央多次强调要加大直接融资的占比,让金融成为实体经济坚实的后盾。股权众筹恰恰可以补齐传统融资手段程序较为烦琐、条件较为严苛的短板。另外，以股权众筹平台为信息纽带，急需筹资的企业能够直接向投资者募集资金，不仅效率提高，成本反而降低，社会闲散的零星资本向实体产业汇聚集中，星星之火可以燎原，实体经济火力全开，金融活动的公平性和普惠性得以彰显。

3. 股权众筹的风险

（1）股权众筹风险的概念

关于风险的本质，学界有着各种各样的认识，学者谢科范从不同角度总结归纳出可能性说、变动说、不确定性说、概率说、心理感受说五种认识。

具体而言，风险就是发生不幸事件的概率，是指某一个特定危险（或可能造成损失）事件发生的可能性和后果的组合。股权众筹属于互联网金融的范畴，关于金融风险的定义，学者丁义明、方福康认为金融风险是指在金融活动中，企业、个人、金融机构和政府等参与主体因决策失误、客观环境变化等原因使其声誉、资产遭受损失的可能性。这里的损失主要包含四个方面：一是降低风险的支出；二是由于考虑风险而损失的机会成本；三是处理潜在风险的成本；四是无法补偿的损失。传统的金融风险包括市场风险、信用风险、经营风险、汇率风险和声誉风险等，随着计算机网络的深度应用，网络安全风险和信息技术风险也成为金融风险的重要因素。股权众筹是互联网与传统金融结合的产物，因此同时面临着传统金融风险和互联网技术应用风险。另外，法律法规的制定相对于金融模式创新往往是滞后的，股权众筹作为金融模式创新的产物，也面临着较大的法律风险和政策风险。

综上所述，股权众筹风险是一个由多种风险组成的综合性风险，它既包括股权众筹本身面临的市场风险、法律风险等宏观风险，也包括股权众筹各参与主体直接面临的风险，例如出资人面临的投资风险，融资企业面临的项目运营风险、融资失败风险，以及平台面临的操作风险、资金风险等。

（2）股权众筹风险的性质

①复杂性。股权众筹风险的复杂性来源于多个方面，主要体现在运营模式的复杂性和风险主体的复杂性上。

从股权众筹运营模式上来看，存在凭证式、会籍式、天使式等多种模式。多种模式下股权众筹风险更加复杂，特别是凭证式将凭证与股权进行捆绑销售，和非法集资的界线十分模糊，很容易触犯相关法律法规，形成法律风险。从股权众筹风险主体来看，股权众筹活动涉及政府、股权众筹平台、融资企业、投资者、第三方资金托管机构以及保险公司等多个风险主体，主体间的关系也是错综复杂，产生的风险自然也具有复杂性。

②多样性。股权众筹的多样性与复杂性在内涵上有一定重合的部分，多样性是强调股权众筹风险种类的多样性。由于股权众筹是一个完整的融资过程，从项目审核、项目上线融资、项目完成到项目完成后的管理会产生不同种类风险。从不同风险主体来看：从政府的角度来看存在法律风险；从平台的角度来看存在操作风险、资金安全风险；从出资人的角度来看存在投资风险；从募资人的角度来看存在融资失败风险等。

③传染性。股权众筹是借助互联网工具进行股权融资的一种金融模式，因此，股权众筹风险在一定程度上具备金融风险的性质。如果一家股权众筹融资企业倒闭，那么势必会影响所有对这家企业进行股权投资的投资者以及与融资企业有业务来往的企业或者个体，同时也会影响股权众筹平台的声誉，进而影响整个股权众筹市场，这就体现了股权众筹风险的传染性。

但是这种传染性区别于传统金融风险的传染性，是一种弱传染性或者有限传染性，原因有两方面：一是股权众筹平台与银行、证券公司等传统金融机构的联系不是特别紧密；二是股权众筹平台服务的大多数是中小微企业，这一类企业即使发生风险，对外界的影响也相对有限。

（3）股权众筹风险的发生过程

股权众筹风险贯穿整个股权众筹融资过程，融资过程分为三个阶段。

第一阶段是股权众筹项目的审核阶段，项目发起人向股权众筹平台提交项目申请书、项目计划书等材料，确定筹资的金额、期限、投资回报等指标。股权众筹平台对项目进行审核，若审核通过，则将项目纳入项目库，并在网络平台上线，进行公开募集资金；若项目未通过审核则无法上线进行融资。

第二阶段是项目通过审核后进入平台项目库，股权众筹平台对项目进行包装、宣传，投资者通过众筹网站了解项目的基本信息，若对项目有意向，可以通过平台与项目发起人进行进一步沟通，然后签订投资合同进行投资；若在规定期限内，投资者对一个项目投资的资金累计达到项目的预设金额，可以认定为项目融资成功，则项目发起人可以获得融资资金，若未达到预设金额，则项目融资失败，资金会按原路径退还给投资者。

第三阶段是项目融资成功后，项目发起人利用筹集到的资金进行生产运营，按照规定向出资人披露项目的运营状况，并按照合同中约定的期限、比率进行分红。另外，一些众筹项目是分期进行的，当前一期的融资结束，投资者需要考虑是否继续投资下一期。

4. 股权众筹的监管

（1）股权众筹监管的必要性

政府监管即政府介入干预市场行为，但是老话讲"过犹不及"，过分干预又容易导致市场活力消退，此时需要法律适当把握尺度，通过限定程序和措施、划定领域和范围、规定责任与主体等举措来弥补政府监管的缺陷和不足，保障市场的主体地位。另外值得注意的是，自律监管只有经过法律授权才具备法定效力。一言以蔽之，监督管理机构的存在不仅是防范市场野蛮无序生长所需，同时也是维护金融市场生态健康所需。

①保护投资者合法权益的需要。能否对投资者给予有效保护是判断金融发展是否健康的重要标志，因此为了提升交易效率、促进投资频率、提高资金流动性而撬开投资者的保护罩是极不可取的。然而股权众筹市场发展时间不长，对投资者的保护尚且经验不足，存在诸多安全隐患：其一，监管法律制度的缺位埋下违法违规乱象频发的隐患；其二，股权众筹项目多样化但是成功率不高，投资增值、保值率相对较低；其三，由于股权众筹公开募资，不参与项目管理的普通投资者占比较大，经营风险无法避免。因此，需要立法充分保障投资者在法律框架内的权益。

②赋予股权众筹合法身份的需要。股权众筹这个奔跑在潮流前沿的新兴事物尚未被证券法、公司法等相关法律法规所吸纳，其流程复杂、面孔多样，一些环节尚处于灰色地带，如若没有相应的法律法规来制约，主体的复杂性必然带来众多纠纷，面临大量法律风险。融合互联网技术的金融创新是推进实体经济乃至市场经济发展不可或缺的燃料，股权众筹更是中小微企业的强大动力引擎。有鉴于此，通过建立股权众筹相关法律法规，优化市场运行法制环境，将股权众筹纳入法治化的发展轨道刻不容缓。

③促进资本市场立体多元的需要。当前我国股权市场涵盖主板、中小板等场内和场外两个市场，这些市场的发展较早，相应的法律监管体系已经逐步走向成熟。然而，对于同样能够给中小微企业赋能的股权众筹市场却出现了监管法律建设滞后的局面。所以，为了填补资本市场元素不足，扩展股权资本市场结构，充分发挥股权众筹满足市场投融资需求、支持中小微企业发展、激发创新活力的功效，构建和修订与之相适的监管法律制度颇为重要。

（2）股权众筹监管的价值目标

股权众筹监管应当以防止投资者利益受到恶意损害为基本导向，以保护投资者利益为价值目标。股权众筹效率高、作用大，但囿于规范监管步伐的落后，使得投、融资双方产生极大信息差，导致投资方的合法权益得不到保障。具体体现在平台管理松散、交易规则随意、项目估值过高、投后管理缺乏等方面，加之平台方和资金托管方的参与，另外带来合同欺诈、平台"资金池"资金沉淀、资金使用不透明等诸多风险。在法律制度缺失的情况下，任由股权众筹无序发展、野蛮生长，经济利益将驱使除投资方以外的各方忽视投资者的保护问题，欺诈投资者的情况将日益增加，吃过亏的投资者将撤出资金，闲置资金重新沦为沉睡资本，进而引发金融市场跟风式波动。

同时，股权众筹的有关法律制度缺位，使得其行为处在法律灰色空间，极有可能滑入非法集资等违法犯罪活动的深渊。作为普惠金融重要组成部分的股权众筹，正是在这样模糊的定位下被限制发展，难以引导非常有潜力的社会大众参与其中，弱化了其最引以为豪的融资高效率和低成本的优势。

（3）股权众筹监管的基本原则

基本原则是在追求目标和实现途径时对基本观念的归纳，因此股权众筹监管的基本原则就是在建立与完善相关法规时思想的基本遵循，是其在形成时的核心。目前我国的股权众筹市场发展还较为不充分，无论是融资企业还是融资平台，抑或是资金托管机构，都还处在成长发展期，交易模式尚在探索，交易机制还未完全建立，为了与我国金融市场在市场资源配置中起决定作用的定位相匹配，要将股权众筹监管的基本原则定位为以完善信息披露为核心，推动市场化运转的适度监管、创新监管。

监管制度的设计要突出大方向上的把握，监管内容要针对突出风险矛盾，具体为两方面，一方面是与非法集资等犯罪行为划分界限，另一方面是对市场主体的行为监管，即合规经营、秩序维护、信息披露、风险防范等。丈量好监管的"尺度"是股权众筹兼顾融资效率与行业稳定成长及经济平稳运行的关键所在。一直以来，我国对金融领域监管十分严格，好处在于有利于金融行业稳定发展，坏处在于不利于金融创新、激发市场活力，特别是金融市场在资源配置中的基础性地位难以体现，另外，过分严苛的监管易引发的权力寻租现象也不容忽视。

因此，适度监管原则就是要让金融监管和金融自由取得平衡，让监管有限制地发挥作用，消除金融市场固有缺陷和潜在危害。政府要用包容、鼓励、引导的态度促进股权众筹发展，通过适度监管的规范，营造金融创新开花、普惠金融落地的良好发展环境。

### (三)奖励众筹

奖励众筹又称商品众筹或产品众筹,出资人根据筹资人对于目标产品或服务的介绍,按照筹资人的要求为项目提供一定的资金支持,等项目完成后获得预期的产品或服务。对于奖励众筹来说,提前筹集资金有助于提前锁定潜在用户,对出资人也就是消费者而言,能让消费者更好地参与产品或服务的生产过程,得到自己满意的产品或服务。

### (四)慈善众筹

慈善众筹也叫捐赠众筹,是指出资人对于众筹项目无偿出资的一种行为,这种出资并不以获得金钱利益及商品服务为目的。一般而言,赠与是诺成的,可撤销的。但是我国《中华人民共和国合同法》(简称《合同法》)第186条有例外规定,如果其目的属于公益性质,赠与合同无法对其撤销,所以对慈善众筹来说,也无法对成立的合同进行撤销。

## 三、众筹的运营模式

### (一)众筹的运营主体

众筹是一种依靠大众进行筹资的行为,主要指项目发起人在众筹社区或者众筹平台向投资者展示创意或者产品,以此来吸引投资者,获得启动项目所需要的资金,其运营机制如图3-1所示。

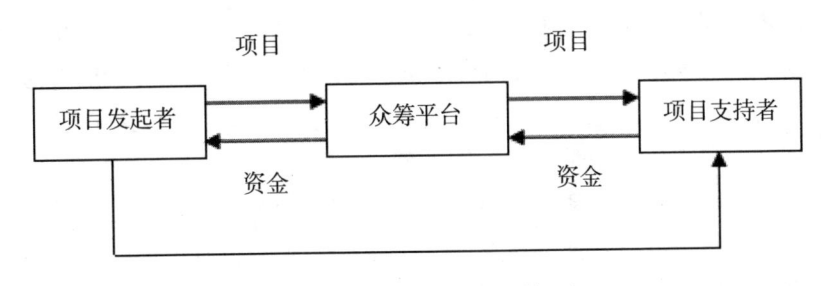

图3-1 众筹模式运营图

众筹的运营主要依靠三个主体,分别为项目发起者、众筹平台和项目支持者。项目发起者作为资金的需求者,项目支持者作为资金的供给者,而众筹平台则作为连接项目需求者和项目支持者的桥梁。

项目发起者一般分为两类，一类是极具创造力，但由于资金的匮乏，无法将创意转化为现实的人。这类人一方面拥有极好的创意或者专利，对未来有着较为细致、严谨的规划，另一方面面临资金匮乏、缺乏市场资源和经验、摸不清市场的需求和产品定位、缺乏必要的团队支持等问题。另一类项目发起者是已经将创意和想法落实的人，这类人项目落实的资金主要来源于固定资产的抵押贷款、亲朋好友的资助以及信用卡透支和小额银行贷款，获取资金的总量有限，并不能满足下一步产品开发的需求。因此，众筹作为一种新型的融资途径，允许项目发起人在平台上向普通大众展示创意、产品、自身技术等，以此来吸引投资者获得必要的融资。

项目支持者主要分为两类，一类是手中具备闲置资金的普通大众，他们对项目发起人的项目具有高度的认同感，或者希望通过自身的投资帮助项目发起者创业成功，或者希望获取一定的回报，这种回报包括产品、服务、资金和股权等。另一类项目支持者主要指银行、风投机构、创业基金、政府部门和大型的企业。这类支持者依靠众筹平台能够发现优质的项目，为优质项目提供贷款或者资金支持，一方面能够提高资金、贷款的利用率，另一方面能够通过对创业者的扶持，提升企业形象，获得较大的社会效益。

国内融资中介作为连接投资者和融资者之间的桥梁，发挥作用的形式分为以下两种。一种是将自有资金和从各种渠道获取的资金进行整合后，提供给资金匮乏者，这种形式由资金中介承担资金损失的风险和资金供给的收益；另一种是信息中介，仅仅将资金盈余者和资金匮乏者联系起来，作为资金盈余者和资金匮乏者之间的桥梁，并未直接参与到资金的接收行为中，不承担相应的风险。在资金盈余者和资金匮乏者的交易完成后，获取一定的中介费用作为收入。而众筹平台主要作为信息中介，通过建立双方交流平台、完善运行机制，将项目发起者和项目支持者联系起来。作为第三方平台，众筹平台一方面要对项目发起者的身份进行甄别，帮助审核通过的项目进行包装、宣传；另一方面要对项目支持者的身份进行甄别，帮助项目支持者找到更优质的项目，使得资金能够高效利用起来，促进资源的优化配置。

因此，众筹依靠项目发起者、项目支持者和众筹平台这三个主体进行运营，发挥作用。

### （二）众筹的运营阶段

众筹的运营阶段包含项目发布、市场营销、资金流转、利益回报和社区交流五个阶段。如图3-2所示。

| 项目发起者 | 众筹平台 | 项目支持者 |
|---|---|---|
| 运营阶段 | 决策准则 | 决策 |
| 项目发布 | | |
| 市场营销 | 经济理性 | 投资 |
| 资金流转 | | |
| 利益回报 | 经济非理性 | 购买 |
| 社区交流 | | |

图 3-2 众筹模式阶段图

首先，项目发布指的是项目发起者将项目交由众筹平台审核，众筹平台通过专业的团队对项目做出正确的评估，筛选出优质项目，这些项目将在众筹平台的帮助下确定发布的内容和形式，获得在平台展示的机会。

其次，优质项目在众筹平台的展示过程不仅仅是一个融资的过程，还是一个市场营销的过程。众筹平台上项目的发布使得发起者能够用较低的成本获得较高的媒体曝光度、关注度等市场资源，由此吸引潜在消费者和一些供应链上下游的伙伴，快速将下游的销售渠道和上游的供应链建立起来。

再次，项目在平台展示期间，获得融资的过程就是一个资金的流转过程。众筹平台规定，在给定的天数内实际融资金额超过目标融资金额则项目成功，此时资金从项目支持者流向众筹平台，再从众筹平台流向项目发起者。若在给定的天数内实际融资金额未超过目标融资金额，则项目失败，此时资金先从项目支持者流向众筹平台，再由众筹平台退还给项目支持者。

从次，项目融资成功后，就到了利益回报阶段。此时项目发起者拥有足够的资金启动项目，将创意转化为现实，同时在约定的时间为项目支持者发放回报。回报的形式主要分为两类，一类回报包括产品、服务以及媒体内容，其中产品主要指的是研发出来的实物，服务指的是折扣卡或会员卡等，而媒体内容指的是广告植入等；另一类是以资金的形式作为回报，主要包括利息和股权，以此来回馈项目支持者的投资行为。

最后，投资者等待收益的过程也是项目发起者和项目支持者双方进行交流的过程。在此期间，双方可以依托众筹平台，在讨论区进行交流互动，这样项目支持者不仅仅作为单一的资金供给者，还能作为消费者参与产品的改进和设计，使得产品更加满足市场的需求。同时项目发起者对于项目进展的定期公布、价值观的分享、通过发送邮件的方式对项目支持者进行答谢等，可以增强项目支持者的参与感和信任感，更加促进项目支持者做出投资决策。

通过以上项目发布、市场营销、资金流转、利益回报和社区交流这五个阶段的运营后，项目支持者在经济理性或者经济非理性的决策准则下，做出投资或者购买的决策。对项目发起者来说，众筹的项目支持者大部分为陌生人，和项目发起者之间并无交集，在这种情况下，投资决策中包含着经济理性决策和经济非理性决策。其中经济理性决策指的是利己行为，包括获得产品、服务、资金等。经济非理性决策指的是利他行为，主要指捐赠众筹，但这种利他行为区别于慈善，是建立在对项目发起者价值观的认同，或对创业者经历的共鸣之上的。

## 四、众筹的发展历程

### （一）众筹的现状

众筹的诞生依托于互联网的发展。互联网通过技术将交易双方直接联系起来，极大地降低了交易成本，从而取代了传统中介的作用。互联网金融也是一种金融的去传统中介化。通过互联网，资金供给方和需求方可以直接联系起来，从而越过了传统的金融中介。股权众筹使创业公司和投资者直接对接，取代了传统的风险投资。

但是，银行和风投机构这类金融中介除了中介功能外，还具备风险判断和风险控制的专业技能，这部分技能在互联网上尚付诸阙如。如在股市上，发达国家的大多数股市投资也是通过共同基金这样的中介进行，没有银行这样的金融中介，互联网金融无法保证数据收集的准确性，无法通过算法解决风险评估和借款人的道德风险问题，未来如何发展还无法完全确定。互联网金融想要真正取代或部分取代传统金融，核心是要解决数据收集和准确性问题，并能通过算法，利用已知数据，完成风险评估。

总之，互联网的出现，对传统商业业态构成相当的冲击。电商平台对传统零售业构成冲击，互联网金融也在一定程度上冲击了传统的金融业。另外，互联网业态和传统商业业态一样，信用体系是其生命之根，而互联网是一种非直接的、虚拟的商业空间，信用体系的作用更加重要。对互联网金融来说，各国政府大体采取了慎重尝试的态度，在规模上有所控制。这种态度还是必要的，因为兹事体大，要避免出现系统性的金融风险、社会风险。

### （二）众筹的机遇和未来

1. 众筹的机遇

目前，我国市场运作主要借鉴的是西方发达国家所采用的资本市场结构，同时参考它们的监管体系，但在互联网众筹模式的帮助下，我国完全可以借助更多新技术以及流程，构建更为完善的创业融资体系，追赶甚至超越西方发达国家当前所采用的运作方式。目前我国仍旧属于典型的发展中国家，因而有必要推动经济的跨越发展，从而缩短和发达国家之间的差距，其中，互联网众筹模式是一个发展的契机。

可以预见的是，互联网众筹模式将会取得重大成功，并成为互联网金融不可或缺的部分。该模式的出现和应用将会为融资渠道极其缺乏的个人和小型企业提供极大的帮助。与此同时，以科技类企业为代表的高成长型企业，也能够通过这种模式寻求支持和帮助。另外，我国研究所之类的机构也可以通过众筹平台来推动技术商业化的发展，如清洁能源方面。

最终，众筹的蓬勃发展也将在整个社会建立创业文化，包括推进共享办公室（蜂巢）、孵化器、加速器等，提供辅导和互相学习的机会，搭建与投资人的沟通桥梁。在以互联网为代表的诸多信息技术的推动和支持下，我国创业者也能够从其他国家和地区获得支持。所以我国有必要顺应时代发展的潮流，为互联网众筹模式营造一个良好的生态环境。

2. 众筹的未来

世界银行 2013 年提供的报告显示，2025 年发展中国家众筹总规模将会达到 960 亿美元，其中我国众筹规模为 500 亿美元。中国金融体系一直以银行为主导，而众筹模式的出现和应用，为个人和小型企业融资提供了极大便利，在一定程度上调整和优化了我国资本市场结构。2011 年互联网众筹模式开始进入我国，很短时间内便诞生了多个众筹网站，累计发起了 7 000 多个不同类型的众筹项目，大约 50% 的项目不仅筹得了所需资金，而且如约兑现了承诺。

虽然互联网众筹模式前景诱人，但我国众筹模式发展的问题也相当多，在很多方面都要狠下功夫。主要包括五大方面，一是信息披露，二是融资进展披露，三是产品版本完善，四是线下直接接触，五是线下众筹。希望后期的众筹平台能够提供各种形式的交流互动，从而实现对线上不足之处的有效弥补。

众筹表现出四大发展趋势，即本地化趋势、移动化趋势、两极化趋势、垂直化趋势。以建设老年活动中心为代表的一些公益项目完全可以通过本地众筹模式进行集资。而移动端现阶段仍旧存在开发不足的问题，传统观点认为轻、重决策分别对应着移动端和 PC 端。然而在移动端日益完善的将来，重决策也可通过移动端来完成，特别是规模不大的投资，完全可以借助移动端来实现。对于两极化而言，其主要有两大含义：首先，优秀项目往往对应着过度投资，而稍差一点的项目可能无人问津；其次，部分众筹平台单纯地做中间人的角色，而另一些众筹平台则由风险投资人主导，带有半私募半公众的性质，其中有许多活跃的天使投资人。

虽然困难较多，但是作为一种新兴的现代金融模式，国内互联网众筹模式所采用的发展方式，不仅和国民经济同步，而且和经济环境同步，另外，还和法律同步。虽然发展的道路有些曲折，但前景很光明。

## 第二节　常见的众筹网站平台

### 一、造点新货

#### （一）简介

造点新货（原淘宝众筹）是阿里旗下唯一众筹平台，充分整合芝麻信用、菜鸟物流、阿里云、支付宝、淘宝网等旗下资源，已成为国内最具代表性的众筹平台之一。据人创咨询 2017 年发布的众筹平台评级报告，造点新货获得 A+级评级，排名仅次于京东众筹，在企业背景、运营能力、影响力指标方面都获得 A+，信息披露和风控合规获得 B+。

淘宝网以 B2C 起家，因此习惯上将项目的发起者称为"卖家"，将投资者称为"买家"，并且限定项目的发起者只能是淘宝网已注册认证的卖家。卖家将具有创新创意的未面市新品，或正在设计中且有能力有资质成型的项目方案在造点新货平台上展示，以期向全网的消费者筹资，并以商品的方式回报投资者。

因此，造点新货是典型的产品众筹平台，基于淘宝网的巨大流量导入优势，造点新货已成为产品众筹的标杆企业。造点新货平台服务协议中注明"淘宝仅为您与支持者之间的交易行为提供平台网络空间、技术服务和支持""淘宝亦无义务监督项目的执行与实现"。造点新货将自己定位于一个居间者角色，体现了国内产品众筹平台的一般运营方式。在平台评级中的表现也说明，其有着巨大的社会影响力但在信息披露和风控合规方面仍存在着不足，基本符合产品众筹信用风险情境的描述，因此可以作为本次研究分析的样本。

### （二）造点新货的风险管控

从投资者的角度来看，众筹信用风险主要体现在项目基础和平台运营上，前者包括项目方的主观动机、项目创意、自有资金、市场前景和运作能力，后者则包括平台方的盈利模式、审核形式、信息展示和项目追踪。对于众筹项目而言，如果没有通过平台的审核则无法进入筹资阶段，若在限定的筹资期间内没有达到融资目标额，仍将无法成功筹款。

因此，平台的风险管控对于预防众筹信用风险的发生有着决定性的作用。在此以造点新货公开的信用风险管控信息为基础，对比众筹信用风险源模型，以评估造点新货的信用风险管控水平。

造点新货的信用风险管控信息的收集主要来自造点新货平台自行公开的信息，即造点新货平台中"新手帮助"栏所提供的信息以及平台展示信息。之所以这样收集信息，是因为对项目方和投资者而言，了解造点新货也只能限于平台公开的本部分信息。"新手帮助"栏提供的信息包括平台介绍、常见问题、服务协议、项目规则等，平台展示的信息包括平台宣传信息、项目展示信息等，这些信息对所有浏览平台的公众开放。

造点新货平台发布众筹项目的功能只对淘宝店家开放，得益于阿里巴巴复杂的商业生态链和强大的变现能力，目前并没有收取服务费，这与众筹平台从成功融资额中收取一定比例佣金的行业做法不同。其中未控制的风险点，可以分成两类。

其一，无法控制的风险点，包括主观动机中的欺诈可能、产品未经市场检验、没有品牌效应等。由于平台只是审核项目的申请，对于项目方自主上传的相关项目信息并不干涉，因此欺诈的可能仍然存在，事实上也无法根本性避免；由于众筹为创新而来，众筹过程本身是对产品未来市场的探索，也自然缺乏品牌效应。因此，这三个风险点是众筹自身的属性决定的，并不能为平台有效控制。

其二，可以控制但未进行控制的风险点。除上述三个风险点外，其余风险点是平台可以有所作为的，但平台出于某种考虑并没有采取相应的管控措施。

具体而言，对于项目方团队配置不合理，平台可以要求项目方提供团队成员的背景资料进行审核而不仅限于身份信息验证；对于审核中几个风险点，平台可以通过培训或其他方式提高审核人员的专业判断能力，可以要求项目方提供相关能力证明材料而不限于其基本资质要求，可以开展必要的尽职调查，也可以要求项目方提供其财务信息和项目产品的样品等。同样，平台可以对项目的信息展示做适当调整，要求项目方提交技术开发信息，公开其工商注册信息，设定与投资者互动的要求，对于失败的项目和成功的项目平等对待等。

平台之所以没有采取上述做法，原因可能是多方面的，或出于自身经营成本考虑而没有进行尽职调查，或出于吸引更多项目申请者而没有要求其提供相关证明材料，或为了降低投资者的担忧而对项目区分对待等。当然，从当前众筹行业的通行做法来看，上述风险点基本都没有得到有效控制，说明众筹行业仍然处于自律发展阶段，需要管理当局的进一步规范。

## 二、京东众筹

### （一）京东众筹发展现状

2014 年 7 月 1 日由京东金融集团独立运营的京东众筹平台正式诞生，其网站致力于在新型消费时代为用户提供独特的品质生活平台、以"审核简单、即发即筹"为核心理念帮助发展创新创业企业的筹资平台。京东金融至今共创立了供应链金融、企业消费金融、财富管理、众筹、保险、证券等九大平台，京东众筹则属于其下运营的九大板块之一。在京东众筹平台发起最初上线的产品众筹项目后，2015 年 3 月 31 日股权众筹平台"京东东家"诞生，采用"领投＋跟投"模式，正式实现产品众筹与股权众筹的结合，并提出"众创生态圈"的全新理念，为创新创业企业提供一站式服务。

下面将通过 2016 年权益型众筹平台融资额前十项目、2016 年股权型众筹平台融资额前十排名及 2016 年众筹行业报告相关数据分析京东众筹平台在我国众筹行业的具体表现。

① 2016 年权益型众筹平台成功融资的前十项目融资额均超过 2 400 万元。这十个项目分别来自京东众筹、造点新货及苏宁众筹。京东众筹平台持有前十大融资项目中的四项，其中京东众筹"Power Egg 无人机"成功募集 10 142. 35 万元，是实际融资额最高的项目，也是融资额超过 1 亿元的唯一一个项目。

② 2016 年股权型众筹平台融资成功项目中筹资额排名前十的项目实际融资额均超过 7 000 万元，其中京东东家占据前十项目中的两项。长众所的"国

内大型互联网电影公司股权投资项目"融资 11 700 万元，排名第一；云投汇的"精品三号"排名第二，成功融资额为 10 170 万元。另外排在前五的项目还有"棕榈旅游信息化服务平台""豆丁网"和"凹凸租车"。

### （二）京东众筹运营模式

1. 京东产品众筹

京东产品众筹的发起人首先进行项目申请，提交审核后京东团队将确定具体文案与设计，完成后团队将发起人项目正式上线，在京东众筹平台进行融资。若众筹项目成功，则京东众筹会将筹得资金分两次支付给项目发起人，第一次交付完毕后，若项目发起人完成指定合约回报投资者，京东众筹平台会将剩余尾款支付给发起人，而京东众筹平台在众筹成功项目中获得筹资总金额的 3% 作为报酬。发起人未能按时完成指定项目时需支付罚金，若发起人无法完成项目，则需将首款退还给投资者。

2. 京东东家

京东东家众筹属于非公开私募股权融资，其运营模式采用"领投+跟投"模式，创业者在平台创建项目后，经平台初审及投委会评审，项目线上预热后确定领投人，领投人需要对项目进行调查并开具尽职报告，同时协助融资项目完善，随后确定跟投人。正式上线融资成功后，领投人将协助融资人完善融资项目的信息披露，并同时接受跟投人的委托，设立有限合伙企业。领投人对项目进行投后管理及股东信息披露，并在最后协助跟投人办理退出事宜。

3. 京东众创生态圈

众筹行业经过几年的发展，至 2017 年互联网众筹显得越发理性，新出现的众筹平台明显减少，京东、苏宁、淘宝等电商系平台，众筹网等综合型平台以及 Dreamore 等社交型平台的产业体系开始成型并出现系列问题。在产品众筹和股权众筹均表现出色的京东金融着力打造京东众创生态圈，使得京东金融成为首个一站式的众筹平台。

其为创业创新企业设立：京东商城、京东东家、京东智能等；为培训、投资成长期企业设立：雏鹰计划、众创学院、京东众创基金等；搭建 B2B 平台"众创+"提供全产业链服务。总的来说，京东众创生态圈将京东的内外部优势资源整合，不断地提供优质的众筹项目，并为众筹项目后面的商家和企业提供各式各样的项目服务。

## （三）京东众筹风险分析

众筹融资模式作为一种新型的融资模式，众筹业务的快速增长带来一系列积极影响的同时也存在一定的风险。从京东众筹的各方参与者来看，应该及时正视已经暴露的问题，分析具体原因并采取相对应措施，更好地建立健康、规范的众筹融资运营平台。

目前，没有相关法律对众筹融资模式做合法定位，以及在监管者没有出台监管法律的情况下，众筹融资模式也将面临除法律风险以外的其他相关风险，必须加以防范。下面从投资人面临的投资风险、项目发起人面临的筹资风险及众筹平台面临的风险三方面对京东众筹存在的主要风险及原因进行分析。

### 1. 众筹投资人层面

#### （1）信息不对称风险

众筹的信息不对称是指是在众筹融资过程中，众筹融资参与者对于众筹交易掌握与了解的相关信息不一致的情况。可能存在众筹融资的投资者了解相关信息不全面，或者是众筹融资的发起者缺乏对项目信息进行披露，导致众筹融资时，尤其是产品众筹时，投资人与发起人信息不对称的风险。众筹行业的不断发展不仅使得众筹发起人获得方便快捷的融资，还可以进行相互沟通，在购买相关众筹产品时进行口碑评价，双方可以根据众筹平台口碑评价对众筹参与人综合比较，对众筹项目进行更多的了解，以减少信息不对称的风险。

#### （2）缺乏风险识别与防范能力

在众筹发展过程中，京东的产品众筹降低了资本的参与门槛，京东众筹平台可以充分利用互联网金融模式，吸引相比传统银行类等间接金融融资产品更多的投资者进行参与。与传统的融资模式相比，产品众筹参与人较多，但其融资金额不如股权众筹的融资额度。

参与众筹的投资人应当清楚认识到产品项目的风险，在投资产品项目前仔细阅读相关信息并结合自身实际情况对项目是否值得投资进行分析。

在过去，中国的主要投资和理财产品大部分由传统金融机构提供，如银行、证券公司和保险公司，其模式与目前的股权众筹不同。对于投资者来说，面对新的"股权众筹"，他们必须比以前更加谨慎和耐心，以免陷入伪众筹陷阱。

综上所述，对于京东的产品众筹项目，众筹投资者除了在官网上浏览相关的产品信息外，很难获取其他的相关信息，众筹投资人对产品众筹项目可能缺乏相关了解。同时，除了产品众筹本身的信息外，商家的品牌，例如京东集团的品牌效应也是投资者选择参与的重要因素。由于京东的众筹项目赞助商通常是个人或团队，投资者对赞助商的信息知之甚少。众筹融资赞助商的实力、声誉等将影响项目是否能按照介绍和质量所述运行。所以在京东东家的股权众筹方面也存在着信息不对称风险，与私募股权同样在众筹融资时会产生许多问题影响其双方参与人对项目的投资与决策。

2. 众筹发起人层面

（1）知识产权风险

从京东产品众筹发起人的层面来看，首先应该加强对众筹创意项目的知识产权保护。对于众筹的创意项目，为了其成功融资，将会在众筹平台上最大限度地向公众提供并展现产品项目。众筹平台虽然利用互联网金融模式的高效与快速发展作为其优势吸引大量投资者，但其产品项目的快速推广传播也可能将使得被竞争者大量模仿与生产相同的项目产品。

例如，京东众筹平台在推出热门的产品众筹项目时，大量的其他众筹平台会迅速了解到相关的产品众筹项目，迅速发起类似的产品众筹项目抢夺公众资源。在众筹行业缺乏相关法律法规的当下，众筹发起人的权益无法被保障，这就是众筹行业的知识产权风险。但是像众筹这种快速发展的行业，当其推出产品众筹项目无法被相关法律保护时，项目的核心缺乏保障是对众筹发起人以及众筹行业的未来发展来说的重要问题。产品众筹项目的核心即为其发起人的知识产权，如能及时推出相关知识产权的法律法规将会加大对众筹发起人的保护也会使得众筹行业未来发展更好。

从京东东家股权众筹发起人层面来看，从股权众筹项目成功地公开发行到平台协助其成功上市，通常需要花费几个星期到几个月不等。股权众筹项目的发起人只能通过详细的项目论证和可行性分析来吸引更多的关注和支持。对众筹不适当的项目展示会影响投资者的投资决策和投资收益。

同时，特别是对于含有高科技技术的股权众筹项目而言，其知识产权的风险特别大，尤其在我国许多项目的知识产权保护法律制度还不够完善。由于违约成本很小，公众知识产权保护意识有待加强，造成对知识产权保护难度加大。特别是在网络信息时代，信息与投资者之间不再是单一的线性通道，这也极大地增加了知识产权保护的难度。如果众筹平台不能保护发起人的项目安全性，它将不仅打击创业者及发起人的信心，而且会减少他们对众筹发起及参与的热情。企业家不敢充分披露他们所设计的项目的本质，或者不通过众筹融资使用其他方式筹集资金，这也将反过来制约股权众筹平台的发展，同时限制股权众筹行业的发展。

（2）股权项目估值定价风险

对于京东众筹平台下的私募股权众筹平台京东东家而言，众筹融资通常由多家初创公司进行，存在许多股权众筹的问题，例如项目不成熟、交易记录不够完善等。针对这种股权估值定价风险，京东东家项目定价采用传统资本市场应用的路演查询模式，保证了发行上市股票定价的合理性。

京东东家采用荷兰式招标的过程进行众筹发起及参与，其实际上是保荐人在众筹融资效率和项目估值中进行选择的过程。为了提高股权评估效率，保荐人需要适当降低其估值以满足投资者的要求。虽然股权众筹的评估会通过反馈进行调整，但仍存在如下风险：第一，股权众筹的投资者相对于产品众筹的投资者参与数量少，但投资者投资金额数量大，这将使得难以实现协调一致行为的情况出现。这将分散众筹发起人的注意力，影响发起项目的效率和质量。第二，股权众筹的初创企业的商业模式是不稳定的，甚至没有其估值模型。而在估值方面，经验判断是非常重要的，但股权众筹投资者往往缺乏对公司所处行业和竞争条件的了解，存在一些不切实际的想法，并给出不切实际的估价。由于无法获得公平的价格，高质量的企业不能影响公司从而未能选择股权众筹融资平台，这也会限制股权众筹行业的健康发展。

（3）退出机制单一

所谓投资者退出机制是指当众筹公司不能继续健康发展时，投资者会将其投入的资本由股权形态转化为资本形态，以避免和减少损失。京东东家平台以及国内大部分的股权众筹平台，其退出模式的单一严重影响着众筹行业的发展。股权众筹的项目大多是最初创业项目，其风险系数较高、不确定程度较大，在京东股权众筹项目发起并筹资成功后，其后续的完成率较低，国内其他股权项目发起后的成功率也都低于10%，所以股权众筹项目的实际完成情况不如产品众筹项目。

不仅如此，在股权众筹融资项目完成后，其后期发展的不确定性同样风险较高。因此当股权众筹融资项目的运行状况低于投资人及筹资人的预期估计情况时，投资人需要有机会可以选择时机退出投资的股权项目。

目前，我国的股权众筹行业退出机制单一甚至有无法完成退出的情况发生，行业缺乏健全的退出机制使得投资者在股权众筹项目投资时面临能否自由退出投资项目的风险，并且在对于投资者保护层面来看，缺乏退出机制也对投资人存在不利的影响。

常见的四种退出机制如图3-3所示：公开上市、股权转让、股份回购及公司清算。在这四种退出机制中，一般投资者更倾向于在首次公开募股（IPO）中上市，通过在二级股票市场上出售股票，风险资本被收回，在这一过程中投资收益得以实现。当众筹项目公司的财务及盈利良好，并在其市场水平未达标的情况下，一般可以选择股份回购方式，使投资者撤回风险资金。在众筹行业引入合适的退出方式将会降低风险，选择合适的退出方式退出对众筹各方参入有保障，及时使不成功或者不够理想的股权项目退出可以提高项目质量并提高未来众筹融资成功率。

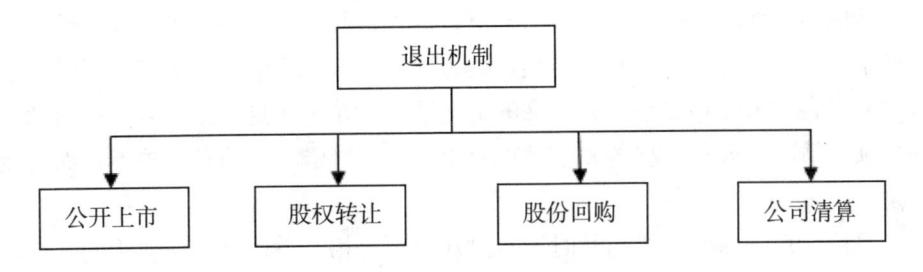

图 3-3　股权众筹退出机制

### 3. 众筹平台层面

（1）平台存在破产风险

2016 年全国众筹行业总体形势为，全国各类正常业务众筹平台 427 个，共有 293 个平台被关闭。虽然众筹业蓬勃发展，但积累的问题也开始升级。图 3-4 显示了 2011 年至 2016 年国内众筹新增平台、问题及转型平台的统计数据。目前，众筹行业平台运行仍存在风险，且存在监管不力、平台质量参差不齐、项目信息不透明、负面事件一个接一个发生的情况。京东众筹平台目前属于众筹行业领头羊，其规模较大，且具有相关保障。总体来说，京东众筹平台的破产风险较小。

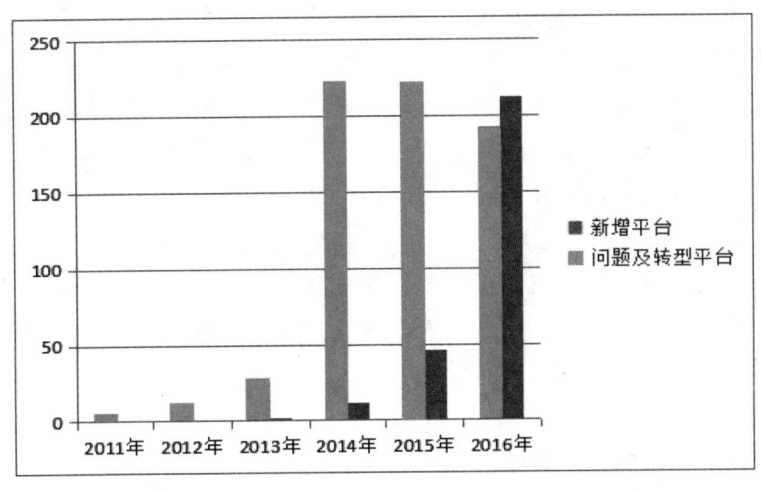

图 3-4　2011 年至 2016 年国内众筹平台相关统计数据

（2）平台缺乏对投资人、筹资人的信息保护

从众筹平台层面来看，京东众筹缺乏对投资人及筹资人的信息保护，设立众筹投资者准入的机制不够全面。京东众筹平台首先应当明确相关各方参与人的相关信息隐私范围。目前众筹行业在信息保护方面暂无相关法律法规，当涉及参与人相关隐私时，一些众筹平台存在信息泄露的情况。不仅京东众筹平台，也包括国内其他的众筹平台，应加强对投资人、筹资人信息收集的安全性，当获取了相关的信息在使用时应当确定是否遵循安全性、合法性要求。同时，一些众筹平台在未经相关参与方准许的情况下，存在将信息用于众筹融资活动之外事项的情况，这种情况的发生使得对投资人、筹资人的信息保护不全面的风险发生。

目前，众筹的监管机构暂时没有对众筹平台相关方信息如何使用的规范制定标准，一旦存在众筹平台非法使用参与方的信息，或众筹平台违反规定使用相关信息的情况，其侵权责任及相关的处罚措施不明确，众筹平台所违规使用参与方信息的违规成本较小也是目前限制众筹行业发展的一部分原因。另外，国内存在一些众筹平台由于技术问题也同样会导致泄露相关信息的法律风险。

因此，需加强京东众筹平台及整个众筹行业对参与方隐私权的重视。京东众筹平台可设立平台监管机构，定期对京东众筹平台的信息进行加密保护，也可以加强对京东众筹平台的监管，提升相关的网络加密保护技术，并配备相关专业人员对众筹平台后台进行维护，减少信息泄露的风险，加强对投资者及筹资者的信息保护。

（3）平台项目信息披露不全面

京东众筹平台的产品众筹属于售前众筹项目，预售产品众筹项目存在产品项目在开发时无效的风险，这也是平台项目披露不全面的风险之一。由于平台的项目信息披露不全面，众筹参与方很可能不能在承诺期内向投资者提供最好的产品及服务，同样投资者也可能因为项目信息披露不全面而参与不符合项目推广要求的产品的相关服务。

Kickstarter网站是全球最大的售前众筹平台，近47 000个项目在该网站成功预售，但按期交付的项目不足25%，并且存在一部分项目无法完成的情况。如果国外众筹平台无法在承诺期内提供产品，部分预售众筹平台将首先向项目投资者支付相关费用。虽然使用这种方法可以保护众筹投资者的权利，但却增加了众筹平台项目信息披露的风险。因此，有必要通过京东众筹平台具体披露项目信息，以有效防范此类风险。

4.政府监管层面

（1）缺乏众筹相关法律规范

我国目前没有专门针对众筹融资的相关法律规范出台，尤其在股权众筹方面，其相对于产品众筹项目更为复杂。目前众筹行业迅速发展并逐渐趋于稳定，政府监管的力度在加大的同时，其监管细则及具体实施要求还不够完善。而在股权众筹法律的监管领域，可以借鉴外国较成熟体系下的法律法规，例如美国证券交易委员会（SEC）发布的《创业企业促进法案》（也称为《JOBS法案》）。该法案对互联网股权众筹的合法性有更明确的规定，对于众筹投资者和众筹平台有严格的规章制度。我国可以借鉴美国制定股权众筹的法律法规，确立股权众筹的法律地位，明确非法集资等违法行为，制定和完善相关领域的法律法规，形成一整套适用的法律制度，使股权众筹有遵循的规律和法律。

从《私募股权众筹融资管理办法（试行）征求意见稿》草案来看，其内容涉及《JOBS法案》，正式出台相关法律法规的时刻即将到来。我国可以适当建立小型免税制度，小额分配豁免制度意味着在发行规模较小时，公开发行的成本可能远高于收益，因此可采用审计豁免。在我国公开发行证券必须依法报国务院有关部门审查，并按程序披露相关信息。而且股权众筹筹款的大多是创业公司，由于这些企业有较好的发展前景和创新思维，它们可能成为我国经济增长的强大力量。因此，我国可根据实际情况并参照美国的《JOBS法案》制定相关政策，通过完善众筹行业的相关法律法规来减少众筹项目的风险。

（2）征信体系不健全

早在2015年举办互联网金融与征信体系建设高峰论坛时，业界就率先带动了众筹的快速发展，征信体系的建设更为迫切。在欺诈成本很低的情况下，如果公众参与众筹是要实现可持续发展，就必须切实维护投资者的利益，必须建立健全信用体系，对项目和平台信用进行全面、科学的调查。信用信息在众筹业基础设施中已经开始发挥作用，但银行主导的信用信息系统无法满足众筹行业的需求。尤其是私募贷款及相关交易中的项目派对和众筹平台的记录直接关系到众筹投资风险，但是目前的征信覆盖不到这些部分，如表3-1所示。

表3-1 2016年众筹行业评级报告：A+级平台

| 平台名称 | 众筹类型 | 级别 | 企业背景 | 运营能力 | 信息披露 | 风险合规 | 影响力 |
| --- | --- | --- | --- | --- | --- | --- | --- |
| 京东众筹 | 权益型 | A+ | A | A+ | A | B+ | A+ |
| 淘宝众筹 | 权益型 | A+ | A+ | A+ | B+ | B+ | A+ |
| 腾讯乐捐 | 公益型 | A+ | A+ | A+ | A | B+ | A+ |
| 苏宁众筹 | 权益型 | A+ | A | A+ | B+ | B+ | A+ |

续表

| 平台名称 | 众筹类型 | 级别 | 企业背景 | 运营能力 | 信息披露 | 风险合规 | 影响力 |
|---|---|---|---|---|---|---|---|
| 京东东家 | 股权型 | A+ | A | A+ | B+ | B+ | A+ |
| 众投邦 | 股权型 | A+ | A+ | A | A+ | A | A+ |
| 点筹网 | 权益型 | A+ | A | A | A+ | A | B+ |
| 众筹网 | 综合型 | A+ | B+ | A+ | B+ | B+ | A+ |

2016年，众筹家联合人创咨询公司和外滩征信在众筹行业发布了第一份评级报告"众筹平台评级报告"。该报告对众筹平台类型、行业细分、团队资质、创始人身份、平台运营数据和社会信用进行了深入的大数据收集和分析。同时，引用了第三方信贷公司"外滩信用信息"的信用数据，发布了全国首个权威众筹平台评级。京东众筹及京东东家均为A+级众筹平台，在评级指标中的综合表现最好。

## 三、腾讯公益平台

### （一）社交媒体公益传播兴起背景

1. 公民的公益参与意识提升

于我国而言，一方面政府日益重视法制和法治，完善公共服务管理体制，提高行政效率，为社会团体提供了法律上的认可和管理上的放权；另一方面市场经济带来的所有制变化和巨大经济效应使得各行业开始自发建立社会组织，个人可支配收入的增加也使民众有更多的时间和余力参与各种社会组织活动。政治、经济、法律、文化环境发生的变迁带来国内公民社会参与意识的蓬勃发展。之后，私人利益、阶级利益与普遍公共利益的矛盾随着社会发展进一步激化，在政府无法涉及的领域公民开始有意识地寻求社会组织的帮助。

互联网尤其是社交媒体的出现提供了比传统媒体更为开放和易接近的舆论环境，更多的公共议题能够在民间话语体系建构的新平台中得到关注和讨论，信息垄断被打破，公民意见得以充分展现。在社交媒体的不断转发、评论中，公益话题得以进一步发展延伸，从而形成公益参与氛围，进一步提升了公众的公益参与意识。

整体来说，在互联网时代，社会组织大量涌现的事实必然会反映在人们的思想中，使人们对社会问题有更深刻的认识。随着时代的变化，公民对社会缺乏责任感的客人意识转变为积极参与社会公共治理的公民意识。对于公益慈善领域来说，这意味着社会公益组织以一种更加积极的姿态进入大众视野，作为"第三部门"的一部分参与社会问题的解决。公民公益参与意识的提升也带动更多公众主动关注弱势群体的生存现状，借助社交媒体手段完成公益行为。

2. 公益行业主动完善自身建设

互联网企业进入公益领域扩大社会影响力的另一面是公益慈善组织积极开放自己，寻求与新技术的合作，主动转变发展路径。

与此同时，公益组织利用传统媒体宣传活动、筹集善款的传统模式优势在互联网的冲击之下也荡然无存，更暴露了善款捐出便可能与公益项目再无关联的传统公益模式的最大弊病。因而在其他行业努力推进与互联网的深度融合之时，公益行业也开始重视互联网平台的巨大增量，长期在官方公益组织光环掩盖下的社会公益组织利用新媒体的长尾效应亦得到了相应关注。

以2017年腾讯公司的"99公益日"为例，三天内就有120余家公募机构的6 239个项目参与其中，公益行业在潜移默化中不断加入互联网元素，主动配合互联网进行新型公益模式的探索，完善自身建设。

在公益慈善研究方面，新中国成立初期，受意识形态领域斗争的影响，人们对公益慈善事业怀有极大的偏见，以至我国的公益慈善研究基本处于停滞状态。十一届三中全会后，公益话题逐渐成为学者比较关心的学术问题，发展至今学界除了从政治、经济、社会等各个领域对公益话题进行探讨外，各高校在公益研究与教育方面亦做出努力。清华大学成立了我国第一家关注公益慈善领域的国家级新型智库，中国人民大学成立了非营利组织研究所，中山大学成立了中国公益慈善研究院等。

同时，类似于"中国儿童大病救助联盟""公益组织服务联盟""教育公益联盟""中国民间志愿服务全国联盟网络"等由基金会、研究中心发起的公益行业支持联盟的涌现也有利于我国公益慈善知识传播、公益慈善教育、互联网时代新型公益组织管理人才储备及行业的协同发展。至此，业界、学界共同发力，从主动完善自身建设出发，为社交媒体公益传播创造了行业条件。

3. 传媒技术发展提供公益参与新形式

中国公益组织通过互联网进行筹款，已有十多年历史，但是互联网平台对全民公益的推动，是在社交媒体和移动支付应用普及后才取得明显效果的。在传统媒体主导公益传播之时，受其覆盖范围小和交互性差等先天不足的影响，公众捐赠行为多是行政动员和现场活动推动的结果，公益组织缺乏连接捐赠者的有效手段。随着我国互联网特别是移动互联网的高速发展，网民数量持续上涨，作为基础应用的即时通信社交软件一直保持着巨大的用户体量。

截至2020年12月，我国网民规模达9.89亿，较2020年3月增长8 540万，互联网普及率达 70.4%。以微信和 QQ 为代表的大用户基数即时通信软件致力于建立用户、内容和服务三者间的连接，有着很强的用户黏性，利用其社交属性将用户和公益组织双向连接则有利于提高公益信息的传播和反馈效率。

社交软件的普及为公益组织提供了发展平台，移动支付的出现则是进一步减少了民众的公益行为成本。《腾讯公益十周年报告》显示 2019 年超过 98% 的捐款来自移动端。移动支付的便捷性和小额支付的特点降低了公益参与的门槛，改变了中国募捐市场的格局，技术建构出新的公益"场域"，为公益行为制定了新规则。公益行为的发起方不再局限于公益机构或基金会，个人作为求助者可直接通过平台发起募捐，参与形式也从单纯的捐钱、捐物增加到捐声、捐步。在互联网环境下，公益参与形式越来越简单且多样。

4. 国家政策法规为公益事业发展创造良好环境

随着改革的深化，我国政府逐渐深化简政放权，弱化社会生活中政府职能发挥，强调市场和社会组织的自我调节能力，为公益组织的发展带来新的机遇。对于靠自由贸易满足私人利益的市场和靠权力运作满足公共利益的政府来说，社会组织的出现填补了其间的空缺，尤其是提供各种社会服务和人道救援的公益组织，作为从道德层面通过自愿捐赠等行为对社会物质财富进行再分配的一种形式，在社会治理中承担了许多市场不愿承担、政府无法全面顾及的公共领域问题。

现实中，一方面是公益组织数量激增，试图用民间力量协助社会问题的解决，另一方面是监管不到位，财务丑闻等造成民众对公益组织存在质疑。面对纷繁复杂的社会问题与公益慈善机制长期发展滞后的社会现实，我国提出要建立包括政府监管、法律监察、社会监督、社会组织自律的综合监管体系，并于 2015 年 5 月出台《民政部关于探索建立社会组织第三方评估机制的指导意见》，完善社会组织的事中、事后监管。同时，多年的慈善立法实践及《中华人民共和国慈善法》的颁布与实施也从根本上厘清了公益慈善的官民分野。

在制度的规范下，新公益组织的成立、公益组织同互联网行业的合作、长期模糊不清的公益信托机制以及备受争议的公益组织管理成本限度问题都被纳入有序的运行轨道。制度的规范将有助于解决公益慈善乱象横生的问题，帮助公众重拾对公益事业的信任，恢复公众公益参与热情。在法治话语重新成为公共舆论流行话语的时代条件下，国家通过构建行业规范、完善法律体系，冷静地审视公益慈善领域的道德行为，为新媒体语境下的公益传播创造了良好的机遇与制度环境。

## （二）腾讯公益角色定位

自 2007 年 6 月成立以来，腾讯公益一直秉持着"人人可公益，民众齐参与"的公益理念，利用互联网技术不断推动我国公益事业的发展。2008 年的汶川地震点燃了全国人民的公益热情，开启了"中国慈善新纪元"，也让腾讯公益看到了互联网公益平台的发展潜力，迅速推出"腾讯月捐计划"并进入常态化运营阶段。2014 年 3 月微信正式对外开放支付接口，借助朋友圈、移动支付，腾讯公益推出"一起捐"为互联网公益加入社交元素。2015 年"互联网+"被广泛提及，腾讯公益推出"99 公益日"活动，引爆"互联网+公益"的热潮。十年时间腾讯公益在深化互联网公益模式不断探索，截至 2017 年 6 月，已有 11 300 万人次在平台捐款，累计募集 18.9 亿元公益善款，成为我国公益影响力最大的互联网募捐平台，在社交媒体公益活动中担当着多重角色。

1. 连接器

与专业性的公益组织相比，腾讯公益在项目执行方面也许还不够成熟，但作为互联网平台型产品，它在用户数量和信息触达能力方面的优势亦是传统公益组织难以匹敌的。因此，依靠自身优势成为公益组织和爱心人士的连接器则是腾讯公益的一个角色定位。

对公益组织来说，平台提供了以更低的成本获取用户、传播信息的机会，因此可以将更多的精力放在项目的执行与内容的深耕上；对用户来说，公益信息的接触更为便利，公益行为的成本也被大大降低；对腾讯公益平台来说，聚拢大量公益项目，顺应时代变化开发新的公益形式，有效连接多方公益行为主体才能不断推动"互联网+公益"的发展，也有利于塑造自身主动承担社会责任的企业形象。

2. 监督者

善款使用情况和项目执行进度一直是社会关注的焦点，也是获得用户信任的关键。长期以来，腾讯公益作为平台规则的制定者，要求公益组织定期披露财务报告，致力于构建透明公益体系。2017 年上半年腾讯公益平台在原有信息披露准则的基础上推出"项目透明度建设组件"，明确规定公益组织信息披露的内容、频次，设立严格的项目发起方准入机制，为公众筛选值得信任的机构，同时督促项目高效执行，形成公益项目从准入到反馈的良性循环。腾讯公益以监督者的身份参与公益环境改善，树立公众对互联网公益的信心。

3. 倡行者

2015 年，为响应国家 9 月 5 日中华慈善日的号召，在中央网信办网络社会工作局的指导下，腾讯公益与数百家公益组织、知名企业、社会名人、爱心媒体联合，共同发起了中国首个全民公益活动——"99公益日"（9月7日到9月9日）。

在"99公益日"活动期间，腾讯公益创造性地推出配捐模式，针对不同时段、不同项目，用户每捐1元，腾讯基金会或爱心伙伴会1∶1配捐1元，每人每天最高获配999元。对于捐款者来说，一次捐款获得双倍收获，这种低成本高成就的公益模式极大地激发了人们在"99公益日"的公益参与热情。从打开局面的第一届"99公益日"到发挥杠杆效应的第三届"99公益日"，捐款人次在2017年达到12 683 038位，用户捐款829 969 249元人民币，公众互动量共180 051 685次。越来越多的公众以此为起点开始关注或参与到互联网公益当中，腾讯公益借助各方影响力将公益理念渗透到人们生活中，成为互联网公益的倡行者。

### （三）腾讯公益平台的参与形式

在互联网技术被应用于社会公益事业之前，传统公益慈善以行政动员引导的捐款、捐物为主，参与方式较为单一，再加上难有后续反馈，长此以往甚至带来"捐款即是公益行为的结束"的刻板认知。随着用户对多样化、参与感要求的提高，传统的再现苦难、激发同情心、塑造捐赠代表的叙事方式不再适合如今的公益环境，深度激发民众公益参与热情才是公益事业长久发展的重要命题。除了正常通过项目页面进入捐款通道外，腾讯更推出多样的公益参与形式，激发公众公益热情。

#### 1. 一起捐

"一起捐"是由腾讯公益独家定制，由网友个人为所参与项目发起一定数额的爱心筹款，联合朋友圈友人合力完成公益项目筹款任务的新型募捐形式。在该形式下，用户为自己感兴趣的公益项目发起一定数额的募捐，填写劝捐话语，并将捐款链接发送给特定好友或分享至微信群、朋友圈，邀请他人参与该项目或二次转发，是一种利用社交关系链完成的公益活动。"一起捐"带来的不仅是捐款，而且还有圈子和互动。分享端口的开放使微信开始发挥其作为社交软件在社交能力上的优势，用户捐款由此前的个人行为转变为社交行为，参与相同"一起捐"项目的捐助者有了互动和沟通，公益信息的传播也借由长期关注公益项目的用户社会关系网扩散至更多潜在捐助者。根据《腾讯公益十周年报告》显示，社交因素的注入使腾讯公益平台在2014推出超过1 000个的公益项目，比2013年的项目数量高出3倍，参与者和筹款金额也几乎是2013年的2倍，腾讯公益借助社交功能迎来成立后的第一个超高速增长期。在这种形式下，劝捐者从平台变为用户，社交改变了公益募捐的进行方式。

2. 运动捐步

企业公益是我国公益捐赠的重要模式之一，除了出于承担社会责任的考量外，企业做公益也有其内部驱动力所在。一方面，倡导公益文化、参与公益活动有利于培养员工的企业认同感、荣誉感，增强企业凝聚力；另一方面，面对购买选择时，消费者更倾向于为有好感的企业产品买单，企业参与公益活动则有助于企业树立良好社会形象、提高认知度，在竞争中占据优势地位。互联网公益被广泛关注之前，企业参与公益的模式主要是直接捐助，通过传统媒体宣传的效果有限，而在"互联网＋公益"时代，借助互联网平台优势，企业能获得更好的公益参与效果。

腾讯公益平台推出运动捐步就是对公益营销的一种创新，在运动捐步中用户可将自己积累的锻炼步数进行兑换，由企业和腾讯基金会为公益项目捐出相应金额。在"益行家"（运动捐步）的相关界面中腾讯公益会将成果数字化，提供爱心企业捐款排名，按捐款排名直接显示企业标志和中文名称，成为企业巩固品牌标识、提升好感度的有效途径。在这种形式下，企业和平台资源交换，企业通过平台与更大范围的公众连接，平台为公益发展聚拢更多资源，双方借助公益营销实现双赢。

3. 腾讯产品链接公益

腾讯公益联合腾讯旗下众多产品进行了与产品主题相关的公益参与方式探索。除了"一起捐"、运动捐步，腾讯公益还联合游戏——英雄联盟，设定玩家用6个游戏金币兑换爱心头像，当装备爱心头像的人数达到666万，腾讯基金会便为30所留守儿童学校捐赠多媒体学习设施；腾讯理财通推出"理财有你，聚爱成膳"的活动，承诺只要购入100元理财通任意产品，便以用户名义为贫困儿童送出一份午餐；参与腾讯电脑管家、手机管家"清理送爱心"活动，利用软件清理设备，基金会便捐出善款帮助先心儿童重获"心"生。

一方面，腾讯设计参与规则为用户相关软件的正常使用附加了低成本、易操作的公益参与机会，降低了用户公益行为决策时间，发掘了潜在捐赠群体；另一方面，捐步、捐声、捐游戏币、回收废旧手机、QQ短视频比心接力、微信支付得公益币等强参与感和强游戏感的募捐方式也重塑了公众面对公益时的心态，利用公益热情和参与感的提升重新培养了用户的公益参与习惯。

## 第三节　众筹投资理财的技巧

### 一、细看项目计划书

最能全面了解一个众筹项目的途径就是仔细查看项目计划书。那么，众筹项目计划书中通常包含哪些内容呢？如表 3-2 所示。

表 3-2　众筹项目计划书内容

| 名称 | 具体内容 |
| --- | --- |
| 解释说明 | 包括对计划书中特别的名词含义的解释和众筹要素（发起人、领投人和合伙企业的情况）的介绍，还有针对众筹项目的声明和承诺，如计划书中提供的资料的真实性、准确性和完整性，承诺承担计划书中存在漏洞或虚假信息而造成损失的责任，还要注明计划书中数据的出处等 |
| 商业前景 | 包括与项目类似的产品或市场的现状、本项目的优势（经营模式、地理优势、供应渠道优势和成本优势等）等 |
| 众筹的内容 | 包括众筹模式和流程、众筹对象、认筹对象缴款安排、认筹标准（分红原则和支付方式等）、回购条款（回购权的行使主体和回购条件等）、回售条款（回售权行使主体和回购价格及其确定原则）、认购额度及预计募集资金总额、募集资金的用途、本次众筹有关安排等 |
| 众筹权益与风险 | 包括认筹人的权益保障、本次众筹的风险提示（项目风险、认筹人适当性风险及其他可能影响认筹人决策的信息等）、众筹发起人和财务顾问等 |

### 二、明确项目的定位

一般项目的定位有两个基本层面，即市场定位和目标客户群定位。市场定位是项目策划的核心和本源，是项目全程策划的出发点和回归点，在项目策划初期就必须明确。然后在市场定位明确的前提下，让客户群更加显眼。首先，要在地理上确定客户群；其次，要确定预想的客户群的人文特点；再次，要描述客户群的内在心理特点；最后，要描述客户群的外在行为特征。具体执行中要通过目标客户群的静态描述和动态描述来实现。

### 三、公布众筹资金去向

为什么要知道众筹资金的去向呢？因为资金的去向有可能会涉及法律问

题，如果筹资人不在计划书中写明资金的去向，将筹到的资金用于违法的事情，认筹人也会受到一定的牵连，最终导致投资失败或者卷入法律纠纷。所以，作为投资人，在认筹时一定要了解清楚认筹项目的资金去向，明确资金的用途，做到心中有数。

## 四、明确众筹的回报

### （一）筹资无回报

如果某项目的众筹向认筹人说明没有投资回报，则该类众筹一般为公益众筹。如果认筹者想要获取投资收益，那么可以果断放弃该项目。

### （二）明确指定了回报规则

正规的且有实力的企业或项目团队，都会在众筹项目的发布信息中明确注明项目的投资回报条款，以期用可观的回报吸引更多的投资者。这样的项目投资者可以大胆认筹。

### （三）回报说明太笼统

有些众筹项目的回报说明不清晰、太笼统。比如，在承诺给予认筹人回报时，只说明有回报，但是不具体说明回报的比率，甚至是比率范围都不说明，这时认筹人需要先联系项目发起人或者项目负责人，搞清楚回报事项。如果还不能明确投资回报，则认筹人可以放弃对该项目的投资。

# 第四章 数字化时代下的保险投资

保险投资与保险业的生存和发展已经融为一体，保险投资业务的发展增强了保险公司的盈利能力和经营的稳定性，同时减轻了保险客户的负担。保险投资目前已经成为我国保险业的重要内容，是保险业生存和发展的重要前提之一。本章分为互联网保险入门、互联网保险的特点、互联网保险的风险评估、互联网购买保险的步骤四部分。主要内容包括：互联网保险的内涵、互联网保险的法律界定、互联网保险在我国的发展等方面。

## 第一节 互联网保险入门

### 一、互联网保险的内涵

随着全球经济形态的变化与发展，互联网在全球经济交往中占据了举足轻重的地位，或是说互联网的出现革新了经济的发展方向与模式。"互联网+"是充分运用互联网思维，在信息时代和知识社会的阶段孕育而生的经济社会创新发展的新常态。2012年"互联网+"理念首次被提出，这个理念随后在各行业的发展中得到印证，而后2015年"互联网+"的行动计划，"互联网+工业、农业、金融、医疗、教育等"，借助互联网的信息化优势，利用云计算、大数据和物联网等技术促使传统行业创新升级。现阶段又通过不断升级的网络基础设施与智能机等信息工具向数字化时代迈进。

数字化时代的跨界融合性、创新驱动性等特征，发挥了互联网、云计算、区块链、物联网链接各个行业的功能，使得各个行业在自身发展的过程中与其他行业充分融合，达到"1+1＞2"的整体成效。

数字化时代提升了我国各大行业和整体经济的生产力和创新力，互联网保险也在数字化时代得到创新并快速发展。互联网保险即是"互联网+保险行业"，是传统保险行业从线下走到线上的发展模式。在数字化时代下，互联网保险迎来了爆炸式的发展，它的出现与发展让人们喜闻乐见，也掀起了保险、法学、金融、经济等学术界的讨论热潮，但对于互联网保险的概念界定问题，我国学界尚未统一。

学者贾林青认为，互联网保险是运用互联网这一现代信息技术手段开拓保险服务渠道，向新的客户群体提供的保险服务；保险学界大多学者认为，互联网保险即是经营主体——保险机构和保险中介机构，利用互联网媒介为客户提供产品与服务等一系列业务，并借助第三方平台完成网上支付等程序的活动。在法学界，《互联网保险业务监管办法》将互联网保险业务界定为保险机构依托互联网订立保险合同、提供保险服务的保险经营活动。

现阶段学者普遍认为互联网保险是保险机构以经营保险业务为核心，借助互联网手段发展线上保险业务的模式，是从保险本质上对互联网保险进行认定，认为互联网仅是保险业务推广和服务的一种媒介。而武长海、涂晟、樊富强等学者更偏重于从互联网保险创新力方向对互联网保险进行定义，认为互联网保险是依托互联网等信息技术创新原有的保险业务和服务的金融服务模式。

在数字化时代下，互联网在保险行业发挥的并不仅仅是推广和服务媒介的作用，互联网保险有其自身丰富的保险业务性质与互联网信息技术特征，故对互联网保险概念的认定应在充分肯定互联网的媒介作用的同时，运用互联网思维对互联网保险进行解读。

数字化时代下信息、数据共享全球化使得各行各业更加融合与不断发展。互联网保险在运用互联网思维扩延传统保险营销方式的同时，互联网思维零距离、趋透明的特征使得互联网保险更加公开化，去中介化。

数字化时代下的便捷操作、惠及民生要求，对互联网保险在保险产品和服务上提出更高的要求，故互联网保险并不是简单的渠道或媒介的创新，而是保险机构在保险产品、组织机构、经营理念等各方面的改变，在产品设计与服务方面更加倾向于关注消费者的需求和体验。

互联网保险的概念界定应全面而准确，从主体、对象、行为等方面入手，结合互联网思维特征理解互联网保险。因此，互联网保险是保险机构或保险中介机构运用互联网思维，结合互联网科技，借助互联网载体，创新保险产品、销售模式等为消费者提供更加符合需求的保险服务的活动。互联网保险在数字化时代的推动下飞速发展，促使整个保险行业焕发新活力。

## 二、互联网保险的法律界定

互联网保险这个名词，虽然在我国的部门规章、通知类文件中都出现过，但对于它的界定，目前没有统一且普遍适用的定义，即没有在法律上对其进行准确定义。有的学者认为互联网保险是保险公司借助网络平台，运用互联网技术，为客户提供保险产品的线上咨询、宣传、销售等其他服务的保险经营活动。

中国保险行业协会编著的《互联网保险行业发展报告》将其定义为"保险公司或保险中介机构通过互联网为客户提供产品及服务信息，实现网上投保、承保、核保、保全和理赔等保险业务，完成保险产品的在线销售及服务的经营管理活动"。

以上两种定义，让人感觉传统保险与互联网保险的区别仅仅是销售模式和销售渠道的不同，其他方面完全一样。这种认知是片面的、狭隘的或者说是不妥的，互联网保险除了销售模式、销售渠道与传统保险不一样以外，在产品开发、消费者体验等方面都是有创新点的。要想对互联网保险进行准确的法律界定，应首先明确三个问题，即经营主体是谁，销售模式是什么，产品业务包括哪些。下面进行具体分析。

### （一）经营主体的界定

首先，依法登记注册的保险公司因获得银保监会的批准，故而具有销售互联网保险产品的资质，而对于专业的保险中介机构因由保险公司授权，受保险公司的委托销售保险产品，故也具有销售互联网保险产品的资质。但对于保险兼业代理公司，即并非专门从事保险代理的公司，其有自己的主营业务，平台上的互联网保险产品的宣传、销售只是一种兼业代理的行为，其销售经营互联网保险产品的资质让人质疑。

其次，网络上兴起的水滴筹、爱心筹等机构，其本质为大病救助机构，但其也进行着互联网保险产品的宣传、销售，即使该平台具有保险公司的授权，但其是否具有代理的资质也有待确定。

最后，网络上的相互保险机构，其本质为大病互助机构，而不是保险机构，但也依然进行着互联网保险产品的宣传、销售，其销售经营行为的专业性也着实让人质疑。

综上所述，只有依法登记注册的保险公司和专业保险中介机构才具有经营互联网保险业务的资质，而保险兼业代理公司、大病救助机构以及相互保险机构均不具有该资质。

## （二）销售模式的界定

与传统保险的线下销售模式不同，互联网保险的销售模式为线上销售，而该线上销售又可分为全线上销售和半线上销售。

全线上销售是指消费者通过网络平台的销售页面独立了解保险产品，并自主完成投保行为的销售模式。目前，全线上销售的销售渠道有很多，主要分为保险公司官方自营网站、第三方电子商务平台、专业中介代理平台和网络兼业代理平台。其中，第三方电子商务平台、专业中介代理平台和网络兼业代理平台可统称为第三方网络平台。而半线上销售是指消费者通过网络平台购买保险产品并非独立完成，其中涉及保险公司或其从业人员的辅助的销售模式。

对于半线上销售是否应该全部归属于互联网保险的销售模式，应该区别对待。若保险公司及其从业人员通过线下面对面、在线交流或语音通话等方式开展保险咨询和销售活动，向消费者提供互联网投保链接的，也应该属于互联网保险的销售模式；若保险公司及其从业人员借助移动展业工具进行面对面销售，从业人员收集投保信息后进行线上录入等情形，虽然涉及线上操作，但其本质依然是线下销售，不属于互联网保险的销售模式。

综上所述，互联网保险的销售模式应界定为消费者通过线上操作完成投保行为，但不包括从业人员收集投保信息再进行线上录入的情形。

## （三）产品的界定

与传统保险产品相比，互联网保险产品的种类更加丰富多样，能结合不同的互联网场景进行创新。如"退货运费险""外卖延时险"，顺应了互联网经济的发展，分担了风险，使人们的生活更加美好。但与此同时也出现了许多奇葩险种，如"雾霾险"，将保险赔付的条件设置为因雾霾天气生病住院，其上线之后，吸引了众多消费者的眼球，但同时也引发了诸多争议，上线仅一周时间，就被银保监会叫停。"雾霾险"脱离了保险本质，不符合保险原则，不再是保险产品，更像是博彩。类似的，还有"熊孩子险""吃货无忧险""忘穿秋裤险""美厨娘关爱险"等。"保险姓保"这句话告诉我们，互联网保险产品决不能脱离保险的本质，即保障的功能。

综上所述，互联网保险产品应界定为符合互联网经济特征且不脱离保险本质的保险产品。通过对互联网保险的经营主体、销售模式以及产品的界定分析，互联网保险应界定为依法登记注册的保险公司和专业保险中介机构通过自营网络平台或者第三方网络平台发布符合互联网经济特征的保险产品，使消费者通过线上操作完成购买保险的经营活动，但不包括从业人员收集投保信息再进行线上录入的情形。

## 三、互联网保险在我国的发展

到现在为止互联网保险在我国已经有大概20多年的发展历史。从第一家作为第三方门户网站的"中国保险信息网"上线到现在各种专业互联网保险公司的成立，互联网保险在我国进行着不断更新换代、推陈出新的变化与成长。

以信息技术为代表的科技快速发展，赋予了保险科技更为广泛而深刻的内涵，也让保险行业有了极大的突破，让那些原先无法承保的风险成为可能，开启了保险市场竞争环境、生态体系和价值链条的全面重塑。随着互联网技术的发展，互联网保险在保险业中的地位愈加重要，也显示出了其自身具备的巨大发展潜力以及在我国具有的更加广阔的发展空间和良好的发展前景。

保险行业的商业模式与整个行业的综合竞争力具有密不可分的联系，良好的商业模式是行业转型升级必不可少的力量。我国互联网保险目前呈现出传统保险公司的自有官方网站模式、第三方中介网站模式和专业的互联网保险公司三种模式为主导的营销体系。

传统保险公司的自有官网模式是指互联网保险机构建立自主经营的网站，在此网站上可以更加方便快捷地展示自己企业的产品，减少对第三方平台的依赖，体现主办者的自主意志，能够自主选择产品的设计、服务范围以及扩大企业品牌效应。建立这种官方网站的公司一般具有丰富的产品体系和强大的运营服务能力，典型的代表为平安商城。随着科技的发展与互联网保险地位的提升，大部分传统保险公司都建立起自己的官方网站。

第三方中介网站模式是指为交易双方提供交易平台的电子商务企业或网站。这种模式可以通过建立官方旗舰店来销售保险产品，例如通过淘宝建立旗舰店来销售；还可以通过第三方保险超市网站销售，比如通过慧择保险网，销售不同保险机构的产品，可以使消费者选择到最适合自己的产品。一般情况下，第三方中介网站仅仅起到提供平台进行交易的作用，具有相对独立性。

随着互联网技术与社会经济形态的发展，专业的互联网保险公司正式成立，比如众安在线。这种完全的互联网模式，具有数据收集与分析的先天优势，因此使得针对客户的个性化服务成为可能，通过大数据技术对消费者的行为进行分析，能够挖掘新的需求，促进新产品的开发。专业的互联网保险公司成立意味着保险行业对线上保险发展潜力的肯定，也意味着传统保险公司将受到巨大的冲击。

互联网保险这种新型保险的出现，为我国保险业的发展指明了新的发展方向。将互联网技术的便捷化、高效率等特点与传统保险业结合，不仅鲜明的体现出了时代特色，更对我国保险业的发展起到了促进作用，使我国保险业能够不断与时代相结合，不断地推陈出新。

但是，凡事有利也有弊。与互联网技术的结合固然使传统保险业看到了新的发展方向，但是保险业与互联网技术的结合也使保险业中产生了较多新的风险。比如新型保险中存在的不符合保险原则的风险；消费者购买保险时保险合同成立标准不明确的风险；互联网保险人为了获取更多利益不履行说明义务的风险；消费者购买保险后出现的信息泄露风险、欺诈风险等。虽然近几年我国陆续颁布关于互联网保险的一些法规政策和规章制度，但是由于其立法层级低，使得内容过于片面化甚至出现相互矛盾之处。总体来说，我国相关立法方面还存在很大的欠缺。

## 第二节　互联网保险的特点

### 一、虚拟性

保险与常见的金融理财产品有着一定的区别，购买保险对于投保人来说主要是一种规避风险的方式，投保人更加注重保险合同所能带来的保障，而不是将其作为一种金融投资手段。保单是保险合同当事人双方订立保险合同的正式书面凭证，当事人双方的权利义务通过保单予以明确，因此保单是保险业务中最核心的部分。

而互联网保险具有虚拟性，在网上进行投保时，投保人不需要去线下的保险公司进行相关的业务咨询，通过互联网即可在网络平台上办理保险的全部相关业务，办理的全程不再使用纸质单据。所以互联网技术在带来便利的同时也给保险人说明义务的履行带来了新的要求和挑战。

### 二、时效性

投保人通过互联网购入保险产品，其本质就是获取信息、传递信息、交换信息的过程，正是互联网的产生和使用加快了信息的传递。需要注意的是，互联网保险在处理网络投保业务时，具有快速、便捷的属性，然而这也使得这种保险运营模式产生了更多的法律问题，同时也对保险合同订立过程中的信息披露义务提出了更高的要求。

《互联网保险业务监管办法》第二章中专门规定了互联网保险信息披露的相关内容，让整个互联网保险业务的处理过程变得透明化，可以让投保人在全面了解相关信息的基础上作出决定，保障了投保人一方的知情权。

## 三、交互性

互联网保险缩短了投保人与保险人之间的距离，提高了保险合同当事人双方之间信息交流的效率。一方面，互联网保险可以通过大数据分析获取投保人的真实需求，根据投保人的独有特征提供私人订制式的保险服务。另一方面，投保人可以方便快捷地从保险公司的投保程序中获知保险产品的详细情况，还能对比不同保险公司的产品来进行自由选择，主动地参与到保险产品的选择甚至设计上来，在投保后，还能轻松获得在线保单变更、保单验真、续保等服务。这样的良性交互使得互联网保险体现出以用户为中心的服务理念。

从《互联网保险业务监管办法》的规定中也可看出，保险机构可以努力的两个方向是：①保险机构应该将更多精力投入到互联网保险业务的发展，借助于大数据、人工智能等技术，为投保人提供满足其需求的产品与服务；②保险机构应当完善互联网保险业务线上处理服务，构建出在线咨询、参保、退保、理赔、查询保单和投诉为一体的即时服务形式，可以通过发送短信、拨打电话等方式对消费者进行回访调查，通过精简业务流程、加强线上服务，为客户提供更加便捷、高效的服务。

## 四、业务跨域性与产品创新性

与传统保险相比，互联网保险最大的特征就在于其不再受到时间、空间的限制，不再局限于营业网点等线下营业场所。利用互联网，消费者可以在任何时间与地点购买保险产品或服务，不再束缚于仅能在工作日规定时间办理保险业务，实现线下与线上连接，点对点的服务方式，拓宽了保险公司的业务范围，为消费者参与保险活动提供便利。在互联网保险市场还未全面打开之前，传统保险领域存在产品严重同质化的问题。保险公司推出的保险产品在种类、功能等方面都逐渐趋同，而当市场某一需求达到一定量时，同一种类的保险产品的供给超出这一需求，那么保险产品的竞争力降低，产品与服务产生剩余，保险公司就无盈利与发展可言。

数字化时代带来了互联网保险发展的日新月异，互联网思维与传统保险行业结合推出一系列新种类、新特点的保险产品，使得传统保险产品同质化瓶颈现象得以突破。新保险产品的问世，满足了消费者各种不同又贴合实际的需求，新的盈利创新点引来了众多保险公司加入互联网保险行列中，积极追求创造能够满足于不同年龄、阶层消费者需求的保险产品，使得保险产品之间的差异逐渐分明。

保险产品创新中最为典型的即为运费险与订单险，运费险是一款随着网民网络购物及退货需求的增加，买家与卖家经常因为运费的支出产生纠纷，为解决买家在退货中的弱势地位与卖家的盈利经营问题，保险公司针对网络交易的特征推出的保险产品。这一保险产品在很大程度上解决了买家与卖家之间的运费问题，保障了买家因退货而遭受的损失。而订单险则是针对网络平台卖家设计，由网络平台与保险公司合作为卖家提供订单保险的险种。平台卖家每月只需交付一定的保险费用，在发生买家退款情况时，卖家不予处理或属于卖家责任的，保险公司先行为卖家垫付货款给买家，再从卖家账户中扣除垫付的货款。多种类保险新产品的问世给中小企业、个体与消费者等群体带来了便利，互联网保险的普及使生活变得与保险息息相关，群体的保险意识增加，使保险行业再次焕发光彩。

## 五、销售模式场景化、扁平化

保险的销售环节是保险公司运营管理的关键环节，是消费者与保险公司链接的重要节点。在传统保险的销售模式中，中介渠道保费收入占保险公司保费收入的比重较大，2014年占比高达79.8%。销售环节产生的成本占保险公司运营成本的一大部分，保险公司业务规模的增长随着保险中介渠道业务的增加而增长，且中介机构切断了保险公司与消费者的直接联系，保险公司需要依靠中介机构发展客源。而互联网保险以网络为载体，互联网的直接性与交互性的特点使得消费者通过浏览保险公司主页、咨询互联网保险专业平台等方式直接与保险公司联系，直接获得保险产品的相关信息，省去了保险中介渠道的环节，节约了保险公司的销售成本。

同时，互联网保险具有针对场景化的销售模式，可通过互联网大数据的收集与分析，定位消费者的主要需求，从传统保险以"卖产品"为主转变为"卖客户体验"为主，总结消费者在何种场景会出现何种问题、问题如何解决、如何让消费者参与解决问题等，在保险产品的标的、费率等方面进行差异化定制，使保险产品和服务更加契合消费者的需求。

例如众安在线与国安社区合作，把握场景化保险需求，利用国安社区的全国数百家门店，辐射百余万社区有车居民，将社区门店和社区居民群等精准渠道作为推广资源，通过"线上+线下"的多方位有效沟通，广大社区群众可以足不出户地享受保险投保和理赔服务。

互联网保险的销售模式还呈现扁平化特点。所谓扁平化，就是将管理层级减少，增加管理的幅度，以解决管理结构方面存在的问题。互联网保险采用了扁平化的管理结构，高度体现了扁平化销售渠道的特点，使保险产品和服务销售的渠道层级削减，各渠道的长度缩短、宽度拓宽，从而使消费者的可选择性增加，提升了保险公司业务成交量。近几年，保险公司抓住机遇，顺应数字化时代的趋势，与电子商务平台合作，形成了主要的三类互联网保险模式。

### （一）互联网官网模式

互联网官网模式是传统保险公司运用互联网运营保险产品和服务最基本的模式。我国大部分保险公司都建立了官网宣传和销售本公司产品，并提供网上保险服务，如中国人民财产保险股份有限公司的官方网站，包括了保险产品、服务大厅以及人保财险资讯等模块，使想要购买保险产品或服务的人一目了然地了解与购买需要的产品和服务，这节省了保险公司与投保人的时间成本，提升了经营效益。

### （二）第三方平台模式

互联网保险第三方平台是指保险公司选择提供信息技术的互联网平台合作，签订协议约定将保险产品与服务由第三方网站平台代售。例如，被人熟知的慧择保险网作为一家成立多年的互联网保险平台，推出了成人保险、儿童保险、房屋财产保险、旅游出行保险等多种类保险产品，并且互联网平台并不局限于与一家保险公司合作，而是与众多家保险公司合作，如慧择保险网的儿童意外保障保险，其提供的有中国平安保险公司的少儿平安综合保障计划、中国大地保险公司的慧择无忧少儿意外伤害保障计划、太平洋保险公司的学习无忧疾病医疗学平险——计划一、二、三等多家保险公司的保险产品。这极大程度地拓宽了消费者选择保险产品的范围，使消费者可以根据自己的需求充分地了解各大保险公司的保险产品，不局限于某一保险公司的产品计划。

### （三）专业互联网保险公司模式

专业互联网保险公司的设立不像传统保险公司一样限制条件严格。专业互联网保险公司仅在互联网上经营，无线下营业点，不需要经过监管机构的批准设立营业网点，与互联网保险第三方平台模式相比，有着更加专业化的优势。第三方平台主要的作用是媒介功能，专业互联网保险公司不是连接消费者和保险公司的纽带，而是销售保险产品与提供专业化保险服务的独立主体，根据所拥有的资源和技术等，推出本公司的优势保险产品。例如，众安在线的尊享e生医疗险、众享e家家庭意外险、保骉车险；泰康在线的齿科保险、羊水栓塞保险。

传统保险高度中介化的营销方式被互联网保险的新模式改变，去除了保险公司依托中介机构运营的层级，具有场景化和扁平化的销售模式，这些优势促使传统保险公司加速转型升级。

## 六、依托大数据、云计算等技术去中心化经营管理

传统保险公司，尤其是大型保险公司往往采取"产、销、服务"一体化运营的模式。保险公司在建立初期有较高的资金支持要求，固定运营成本投入成为经营保险业务的硬性要求，大量的资金需用于支付保险代理薪酬和企业运营。传统保险产品的设计往往需要通过复杂而长期的社会调查来获取消费者的需求情况，耗时耗力而收效甚微。

而在数字化时代下，大数据、云计算等先进技术为保险公司优化保险服务提供便利，通过各大网络平台收集客户的信息与需求，掌握服务对象的消费习惯，知悉用户的选择喜好，可全方面、大范围、普遍性地了解和分析到每个行业、各个群体、不同阶段甚至全社会总体的数据，更加高效地促进保险业务的开展。

"去中心化"是互联网保险最显著的特征，去中心化不是不要中心，而是以节点为主，将直线管理组织模式变成网络化组织模式。

保险公司传统的金字塔组织架构模式，管理链条冗长，层级多，处于高层的决策者无法直接掌握链条终端的基层情况，此种组织管理模式不能有效维持客户资源的长期性并满足客户需求。保险公司依托大数据与云计算等互联网技术，使组织管理不局限于下级服务上级形式，而是以各个节点为中心，如市场、员工、客户等各种生产力要素，建立集中又自由选择的平台，决策层、管理层、服务层以及客户等各个层面可以充分活跃，才能做到以节点为中心，使资源配置达到最优化。

例如，阳光保险的闪赔服务：客户出险，理赔人员出勘定损后属于简单事故的，可直接通过阳光保险APP平台完成理赔。在简单事故理赔中，客户与理赔人员节点各为中心，形成点对点的服务，而APP平台为整个服务提供支持。

保险公司组织管理去中心化可以真正实现对外以客户需求为中心，对内以保险人员机动性为中心，优化组织管理内部影响客户需求的导向方式，从而提高管理和服务的效率，解决传统保险公司组织模式带来的问题。

# 第三节　互联网保险的风险评估

## 一、互联网保险风险的类别

### （一）网络安全风险

互联网保险产品完全依靠互联网了解产品、签署保单、缴纳保费、提出索赔等，因此网络安全风险是最需要重视的风险之一。已经到来的移动互联网时代最重要的标志之一，就是共享海量信息、数据公开化。但大量数据的公开引发出诸多的问题，无论是来自法律层面还是道德层面的问题，都会在不同程度上对互联网保险的发展起到阻碍作用。大量信息共享与公开让大众喜忧参半。好的方面是，数据公开化，为以依赖互联网数据经营的互联网保险业务提供了方便且精准的信息资料，促进了互联网保险积极的发展，为社会创造出市场价值。不好的方面是，数据公开化有可能造成客户信息泄露，个人隐私无法被很好地保护，这在大数据飞速发展的时代是无法避开的问题。

互联网的最大特点就是开放性，互联网保险在投保过程中涉及大量的客户资料、隐私信息，这使得一些非法分子采取不正当的竞争手段更加容易，利用互联网技术上的缺陷，对运行主体释放病毒，篡改用户真实信息，窃取私人资料等，让正常的互联网保险业务运营工作陷入困境。

另外，互联网保险的硬件和软件都具有运行方面的风险。硬件设备要完全符合网络安全的要求，要层层把关，逐步审查。要注重硬件自身的质量，不能因硬件出现问题而导致系统崩溃、数据丢失等严重后果。软件在设计上要求更高，运行过程中，很可能出现不法分子恶意攻击并破坏软件的防护装置。而客户和保险公司的人员会产生造成风险隐患的操作，客户在填写投保信息时、缴费过程中，都可能因不当的操作引发信息安全的风险；保险公司人员在审批客户资料、处理文档的过程中，也可能无意地泄露出客户信息，引发严重的后果。

如在2015年，中国人民保险公司广东分公司被爆出系统存在高危漏洞，面临大量客户信息被泄露的危机，但公司并没有对这一情况采取足够的重视，很长一段时间都没有将漏洞修复，引发客户的担忧及不满。同一时期，补天漏洞响应平台爆出信诚人寿保险公司面临泄露上万名客户银行账号、身份证号等个人信息的风险。

由于目前国内的信息技术在安全保障上还有待加强，在信息安全技术上，不同的保险公司及中介机构投放的精力也较为悬殊，所以互联网保险客户的个人隐私存在着较为严重的潜在危机。自从互联网业务开展以来，因为技术的不成熟及安全防控措施的不到位导致客户隐私泄露的案例频频发生，给互联网保险的发展带来了很大的阻碍，因此，尽快保障信息的安全是互联网保险发展最急需采取的措施之一。

### （二）监管缺失风险

目前，互联网保险处于整体全线发展的阶段，每家保险公司都利用官方网站、第三方商务合作平台、合作的APP、微信公众号、微信小程序等方式，全面推进互联网保险产品的销售。

近几年，互联网保险业务的保费规模平均增幅均超过50%，投保的客户人数也是成倍增长，可见我国互联网保险发展速度之快。同时，互联网保险的出现导致了保险行业众多方面发生翻天覆地的变化，无论是运营模式、技术创新，还是产品研发、销售渠道、目标客户等都需要全方位地改变，这就给保险业的监管带来了巨大的挑战。

而与互联网保险相关的法律法规出台的速度远远落后于互联网保险发展的速度。尽管保监会颁布了不少管理及监督互联网保险的法律法规，如《加强网络保险监管工作方案》《互联网保险业务监管办法》，及散落在《中华人民共和国保险法》（简称《保险法》）《合同法》中的相关条款，但是也没能完全跟上互联网保险迅猛发展的脚步，没有出台完整的、专门的互联网保险法律法规来规范互联网保险市场。经过多次修订的《保险法》虽然有助于维护保险市场的运行秩序，但主要还是针对线下传统业务，没有结合互联网保险发展的快速迭代。有效监管的不足，使得互联网保险市场运行不太成熟。发挥市场机制的前提是互联网保险业务有秩序地进入、运营、退出，而对互联网保险市场发挥把控起决定作用的是与之相关的健全的监管制度和法律法规。由于各个行业的监管规范普遍滞后于市场的发展，面对新的形势、新的领域，监管部门很难实时同步发布完善的监管规范，所以互联网保险市场的健康及可持续发展也同样面临着严重的监管缺失风险。

目前，当保险公司与客户出现法律纠纷时，由于法院通常认为保险公司具有更多的优势，很多时候会更支持客户的利益诉求，保险公司便处于劣势；而因为互联网相关法律不健全，对保险知识的了解不多，客户也容易落入保险公司设下的圈套，蒙受经济上的损失。所以无论从保险公司还是个人的角度考虑，监管的缺失都会对整个互联网保险产生消极的影响。

## （三）业务发展风险

### 1. 经营模式尚不成熟

随着互联网科技与线上销售业的发展，经营互联网保险的模式也在近几年呈现多样化的趋势。保险公司的经营模式可概括为以下几点：其一，通过保险公司的官方网站提供保险产品的介绍和方案，即保险公司的直销业务，如太平洋保险官方保险超市、人保网上商城、泰康在线等；其二，通过与网络科技公司合作，利用其网络平台来销售保险产品，如易保网、慧择保险网等；其三，由电商企业成立专业的保险代理公司，如苏宁电器成立的苏宁保险销售有限公司；其四，由保险公司与电子商务公司合作，建立专业的互联网保险公司，如阿里巴巴、中国平安和腾讯联手成立的众安在线财产保险公司。虽然繁多的经营模式为互联网保险发展提供了一定的动力，但同时也给互联网保险业务的发展带来了风险。

目前，虽然国内互联网保险公司的经营模式种类繁多，但没有任何一种单独的模式是比较完善的，都存在着或多或少的风险。保险公司的官方网站在宣传力度上明显不足，且产品种类较少，平稳运营也较为困难；电子商务平台模式的监管缺失、销售资质欠缺；专业代理机构的运营模式中新兴产品数量少、销售数量难以有大的突破。综上所述，各种问题都导致互联网保险在业务发展过程中风险加大，难以控制。

### 2. 服务质量有待提高

在运营服务方面，互联网保险都是通过互联网进行产品宣传，保单投保、支付保费都是线上操作，但一些险种的后续服务还需要线下完成，如出险理赔、核赔定损，均需要借助线下的柜台、汽车4S店等来完成。这时候如果因案情导致所需提交理赔材料多、理赔时间长、赔款不能及时到账等情况，就容易造成客户的不满与反感，情况严重时不仅是保险公司的服务人员遭到投诉，保险公司也有可能被起诉。

相对于我国发展较早的银行、金融、证券行业的在线服务水平，互联网保险的发展仅在起步阶段，相对还比较落后，如果想获取客户的信任和满意，保险公司还要投入更多的人力物力。另外，虽然很多保险公司对于一些险种已经做到线上核损并赔付，但由于互联网保险飞速发展，电子保单出单量激增，在面对大量的理赔案件时，也难以保证理赔的时效性和优质的服务质量；而互联网保险销售无地域性，在全国范围内都可投诉，因为客户的需求量巨大，他们提出的问题和要求也是千差万别的，语言、背景等因素可能导致沟通之中存在许多困难，解决起来需要投入大量人力资本。

此外，因经验不足，互联网业务全部采用线上销售可能影响数据统计的准确性。传统的保险业务若出现错误，一般可通过补签协议或增发批单的形式进行纠正，但互联网保险产品销量极多，甚至可以达到每天以万为单位计算数量，如出现错误，很难逐一修正。就算在统计数据之前先通过信息技术在后台进行数据修正，也会影响实时监控数据的准确性，而错误的历史记录是无法抹除的。

3. 专业人才比较缺乏

目前，无论是国内的互联网保险公司，还是相关的经营机构都存在不容忽视的相同问题，即缺乏专业人才。保险公司既需要业务人员熟悉相关的政策法规，还要具有专业的保险知识及销售技巧，一名优秀的传统保险业务人员达到上述三点要求即可，但作为互联网保险业务人员，同时还要拥有优秀的互联网技术水平。一般人能满足其中一两种要求已属不易，能满足所有要求的跨学科专业人才少之又少，而愿意投身于互联网保险事业的人更是凤毛麟角，极大地阻碍了我国互联网保险发展的进程。

4. 保险业务发展不均衡

在经营成本方面，互联网保险产品要远远低于传统保险产品，这就导致一些保险公司为了节约成本，投入大量精力开发互联网类保险产品，提供客户优惠费率之后，再依靠捆绑销售形式给予折扣，同时展开推广活动。这样做容易与市场上相同或类似的产品形成激烈竞争，也间接地削弱了传统销售渠道的经营能力，对均衡地发展保险业务造成不良影响。

目前，理财类保险产品占我国互联网保险产品比重较高，该类产品的宣传点是低风险且高收益，并以此获取客户的关注度。虽然理财类保险产品具有很多优势，如与一般银行理财产品相比较，收益稍高些。但任何产品的收益一定是与风险同时存在的，收益高的理财类保险产品也蕴藏着高风险，这类产品从风险角度来说背离了保险的本质，它们的存在从长期来看阻碍了互联网保险未来的发展。

健康险是近两年的热门险种，财产保险公司嗅觉灵敏，与寿险公司密切合作共同推进健康险产品。但目前大多数健康险产品还停留在较为低端的状态，还未能做到专业化、高端化。虽然在创新和销售方面，各个保险公司都在积极努力与尝试，但在产品的推广及销售方面的难度仍然比较大，所以市场规模依旧较小，难以做到产品均衡发展。

## （四）产品开发风险

目前，市场上主要的互联网保险产品还是以传统简单的产品为主，保费相对低廉，产品的创新力不足且结构比较单一。互联网保险产品种类偏少，主要以车险、普通寿险及理财类保险为主，其他险种的占比很小，呈现低黏度、同质化的特点，在产品属性、定价、服务及机构设置上都存在着不足，很大程度上与产品的开发存在较大风险有关。

一般来说，客户会表明自身的需求，对互联网保险产品提出要求，希望保险公司为其打造出适合自己的产品。中介机构及第三方平台利用自己的渠道销售产品，保险公司随后付出一部分费用就能完成产品的推广和销售工作。这样做的好处是提高了产品开发及销售推广的效率，缩减了整个产品运营的周期。不好的地方是在线销售产品的规模庞大，产品的任何不足都难以在短时间内修正，如果出现漏洞就会导致大量赔案，引发产品在开发方面的风险。所以保险公司在设计、上线新产品时，不仅要关注产品本身，还要考虑到线上投保操作，如客服在线咨询、保险方案展示、保单填写检测、理赔服务咨询等。

## （五）产品定价风险

保险产品的内容和定价环节相较普通的产品更加烦琐，从保障内容、费率厘定到免赔设定等，都需要专业精算师进行严格的把控，同时还需要在销售一段时间之后，再来确认当初设计产品的定价是否合理。一方面，与传统保险产品相比，互联网保险产品发展的时间还比较短，产品的更新换代速度较快，一般没有历史数据作为参考，在最开始给产品定价时容易有误差，因此定价风险是难以回避的风险之一。另一方面，同质化是互联网保险产品的一个突出问题，这就可能引发恶意竞争行为，一些公司通过低价策略先打开市场，这样的做法会给互联网保险的长期发展带来重大隐患。

互联网保险产品大多数情况下缺少增值服务，例如航空意外保险、航空延误保险、旅游意外保险等，诸如此类的很多保险产品的保险责任都是一次性的，客户在很大程度上不需要了解所选保险公司，保险公司也因此无法与客户进行深入的交流，产生更多的连接，这导致了互联网保险产品通常是以价格取胜，无形中增大了保险公司的定价压力。如账户安全责任险刚进入市场时，保险公司厘定的费率并不高，认为该风险在一定程度上可控，但随着产品销售时间的推移，索赔率逐渐上升，产品费率才逐渐调高，但前期销售的大量产品仍给保险公司的赔付率带来了不小的影响。

## （六）信息不对称风险

防止道德风险和逆向选择是保险公司核保部门和理赔部门工作的重中之重，是保险公司运用互联网技术所需面对的极大挑战。保险公司初期就应该考虑提升此类业务的流程质量，减少理赔成本。

只要保险人和投保人之间有信息不对称的情况出现，道德风险就随之而来。因为互联网保险产品是线上销售的产品，与线下销售最大的不同就是保险人与投保人没有机会当面交流。

一方面，保险人很难清晰地了解投保人的实际状况，包括身体健康状况、收入情况、家庭背景等，这就极大地增加了出现道德风险的概率，从而引发高索赔率，损害保险人及相关者的利益。

另一方面，投保人对所选择的保险产品也知之甚少，很有可能在购买后都不知道保险保障的范围，更不了解索赔的流程，导致如果真的出现可进行理赔的险情时，不一定会找到保险公司进行索赔，浪费了维护自己权益的机会。

赔案发生后，在互联网上难以界定保险责任的归属，一些保险公司为了避免客户的恶意投诉，都会选择在没有充分证据证明保险责任属实的情况下，进行赔付，被一些投机分子得知后，引发更高的道德风险。

由于互联网保险产品在通常情况下保费较低，一些不法分子利用虚假信息申请索赔，恶意欺诈保险公司，获得赔款。如华泰保险公司的"职业骗保师"案件，买家在收到购买的商品以后，立刻申请退货，卖家收到的退货商品原封不动，连包装都没有拆开，而且退货的快递单面也是机打。种种不合理的现象，暴露出一群专门通过退货骗取退货运费险赔偿的人。他们一般在主打"七天无理由退货"的平台购买产品，同时购买退货运费险，更有甚者直接购买包含退货运费险的产品，随后选择价格最低廉的快递公司进行退货处理，以此赚取赔款与退货运费之间的差额。

又如苏宁电器推出的"只换不修"手机意外险，在刚开始进入市场时，保险公司对产品充满信心，"只换不修"的噱头也吸引了大批的客户，但在销售一段时间后，发现赔付率极高，才发现有客户利用信息不对称的漏洞骗取赔款，由于销售量巨大，给保险公司带来了极大的损失。

## 二、互联网保险风险的影响因素

互联网保险有其难以比拟的优势，如互联网保险公司运营效率高、成本相对较低、市场发展空间大等，但也存在着很难改变的劣势，如难以获得客户的

信任、容易引发非正当竞争、容易出现逆向选择及道德风险问题等。互联网保险产品具有产品贴合客户需求、销售区域限制低和产品销售量巨大等特点，一方面，这些特点使得互联网保险迅速发展，另一方面，这些特点也使得互联网保险存在诸多风险。

随着二十多年的不断发展，目前市场的大环境为互联网保险的发展提供了一定的有利条件，但也有很多潜在的危机，造成的互联网保险风险具有特殊性，因此需要引起大家的重视，从而尽可能避免损失的发生。

### （一）运营平台网络化

传统保险业务主要是在保险公司、中介代理公司销售，随着现代技术的不断发展，互联网保险业务的运营平台有了很大的不同。运营平台目前一般分为三种：传统的大型保险公司设立自己的网络销售平台，只销售本公司的产品，如太平洋E服务，泰康在线等；与保险公司合作的中介机构设立网站，用以销售各保险公司的产品，如慧择保险网，大头保等；电商平台利用场景销售保险产品，如携程网捆绑机票销售航空意外险、航空延误险、机票取消险，京东搭配手机销售碎屏险、延保责任险等。第三种是目前发展最迅速，也是最为大众所熟知和接受的，它标志着互联网保险已经与各行各业紧密地联系在一起，形成了新的产业链。

互联网平台不只是通过互联网销售目前线下已有的保险产品，还能依靠互联网的特点进行方方面面的创新与提升，为互联网保险的买方、卖方及中介机构提供优质的服务，将互联网保险的各种风险有效地控制住，解决一些线下难以解决的问题，促使所有运营主体都在互联网上安全、高效地发展。

因此，互联网平台需要具备很多条件才能进行保险产品的销售运营。首先，较强的资金实力是对互联网平台的硬性要求，无论是早期建立网站，还是后期运营和维护网站，都需要大量的资金作为有力支撑，另外，利用其他平台传播自身的产品也是必不可少的，这样才能形成更大的影响力，带来更多的流量。其次，还要具有多种多样的保险产品，客户的选择空间完全依赖于平台上展示产品的种类与数量，要想满足不同客户的不同需求，产品必须花样繁多。最后，要具有较强的综合管理能力，只有拥有良好的售前、售后客户服务，才能吸引更多的网上客户。

### （二）互联网环境的复杂性

互联网快速地改变了大众的生活，也推动了保险产品不断创新，引导并创造了客户的需求，提升了公众，特别是年轻消费群体的保险意识，激发了他们购买保险产品的巨大潜力，市场发展空间巨大。这都得益于互联网广阔并具有开放性的发展空间，而开放的环境也造就了互联网保险风险独有的特征。

互联网保险环境因具有开放性而导致众多风险隐患，保险公司和客户面临着相同的互联网环境风险，开放的环境对保障信息的安全性难度较大，客户作为交易主体提供的个人信息在开放性空间，很难控制信息的使用权，即存在很大的信息安全风险。凭借现在的安全技术水平，很难做到完全保证互联网环境安全，而随着各行各业间关联逐渐紧密，单个行业的安全漏洞有可能导致诸多行业出现安全问题，给整个社会带来巨大的损失。

### （三）客户群体特征偏年轻化

传统保险业务的主要客户群体是40岁，甚至45岁以上的中年人，他们都有了一定的经济基础，处于"上有老，下有小"的状态，开始考虑自己及家人的未来生活保障，从而选择了解并购买保险。互联网保险市场是在特定场景之下经过细分后的市场，客户兼具了互联网消费群体和保险消费群体的特征。

目前，我国网民的群体年龄以10～39岁为主，占比可达80%，其中20～29岁的网民占比最高，可达35%；在教育程度方面，网民中的中等教育程度群体规模最大，20%以上的网民具有大学本科及以上学历；在收入水平方面，月收入4 000～8 000元的群体占比最高，可达38%。加上主要保险消费群体的特征，互联网保险客户群体普遍偏年轻化，以25岁至35岁为主，知识文化水平一般较高。他们与保险公司或中介机构的连接方式主要以电脑、电话、手机应用软件为主，很少进行面对面的沟通，反而十分重视线上独立操作体验。当业务流程和客户的操作体验发生冲突时，保险公司会倾向于简化甚至放弃一些流程的控制设置，从而导致互联网保险面临的客户道德风险增加。而年轻化、高学历、高收入一般意味着工作繁忙，没有过多的时间仔细研究保险产品，一些业务人员也抓住此类客户的特征，采用大包大揽的一站式服务，让客户感受极简投保流程，客户不知不觉间就忽略了产品中的一些问题，直到需要索赔时才意识到问题的存在，损害了客户的个人利益。

### 三、互联网保险的风险评估方法

互联网保险的风险评估方法一般有三种，分别是定性、定量以及综合风险评估方法。

## （一）定性风险评估方法

定性风险评估方法是指通过观察、调查与分析的方式识别风险发生的可能性及可能结果。常以文字为主，常用的有问卷调查法、集体讨论法及专家谈话法。

问卷调查法指通过向相关机构或者从业人员发放问卷，基于获取的相关信息，进行风险评估。但是因为相关人员的知识水平参差不齐，可能会导致得到的数据信息没那么可信。

集体讨论法指聚集行业专家或者企业管理者，召开会议，展开集体讨论，进行风险定性评估。其优点是大家开会讨论能减少分歧，达成一致；缺点是参加会议的多是行业专家，也会因为有人不发言或者发言较少，导致最后的结果受到影响。

专家谈话法通过邀请业界专家，和专家进行谈话并记录相关信息，进行风险评估。此方法有执行简单，能减少时间成本的优点，同时也有主观性强，对专家的水平要求较高的缺点。

## （二）定量风险评估方法

定量风险评估方法即先对市场、行业等相关数据进行分析、量化，据此推断风险发生的可能性及可能结果，进行风险评估。现有的定量风险评估方法有敏感性分析法、决策树分析法及蒙特卡洛模拟法等。

敏感性分析法是指对特定的风险因素进行评估时，首先假定其他的风险因素不发生变化，在确认这个特定因素的变动幅度和临界值的基础上，得出敏感系数，对各风险因素的敏感性进行排序。这种方法的优点是能发现一些比较重要的风险因素，但是也只能了解风险的强度大小，不能清楚地知道风险的发生概率，不适用于多因素风险评估。

决策树分析法是指分解各个风险因素，然后画成树形图，计算各风险因素发生的期望值以及概率，最后对方案进行比较选择。这种方法的优点是能清楚地知道不同风险的期望值及概率，过程清晰，能很好地评估不同阶段的风险；缺点是这种方法依赖大量的数据，工作量较大。

蒙特卡洛模拟法也称统计模拟法，是一种基于概率论的随机模拟数学计算方法。优点是这种风险评估方法的效率及准确性都比较高，有利于解决变动较大的多因素及不确定性的非线性问题；缺点是随机模拟过程不能很好地反映各因素间的关系，有可能会导致错误的分析结果。

## （三）综合风险评估方法

通过对上述两种风险评估方法进行介绍与比较，我们能清楚地了解它们在风险评估过程中存在的优点与缺点。互联网保险风险的评估过程很复杂，涉及面较广，因此如果只用其中的一种评估方法往往不能满足评估需求。只有对风险状况进行深入的了解，才能提出更有效的风险防控措施，这也是将定性分析与定量分析结合的意义所在。下面主要介绍综合风险评估方法中的层次分析法、模糊综合评价法和模糊层次分析法。

层次分析法，是指将与决策总是有关的因素分解成目标、准则、方案等层次，在此基础之上进行定性和定量分析的决策方法，在确定因素权重方面优势明显，适用于评估不易量化而且因素较多的问题。

模糊综合评价法，是一种基于模糊数学的综合评价方法。模糊数学是利用数学的方法对模糊性的问题进行研究与处理的一种理论和方法。在解决具有模糊性特征，难以完全用数字进行描述的问题时，模糊综合评价法对评价因素进行分类，将模糊的问题描述得更清晰，具有让模糊现象变得更清晰的特点。正是由于这种特点，其在经济管理、环境科学等多个领域得到了广泛应用。

模糊层次分析法，简单来说就是层次分析法和模糊综合评价法的结合，能将复杂的问题进行分解，形成因素合集，根据隶属关系建立指标层次结构，两两比较得出不同因素的关键度，最后，结合专业人士的意见进行因素关键性排序。

## 四、互联网保险风险的防范对策

### （一）改进与创新保险产品

互联网的普及为保险公司创造了产品开发的新空间。互联网不仅可以作为保险业务的销售渠道，也可以用于保险产品的改进，它蕴含的内部价值更是可以作为保险产品的新标的。

1. 改进保险产品

保险产品的改进主要分为以下几个方面：其一，互联网技术的产生，可以使其作为保险公司承保的新型标的；其二，互联网技术的应用，可以使保险公司对已有产品细化至满足客户的碎片化需求；其三，互联网平台实时收集大量客户信息，从而分析客户行为特征，为保险公司传统产品的改进提供坚实基础。

## 2. 创新保险产品

互联网技术在保险业务中，不仅仅起到辅助销售的作用，还可以作为保险标的，成为保险公司产品创新的一大亮点。在互联网技术飞速发展的时代，物联网、移动平台及客户端、移动支付等都创造出了大量的保险标的，为保险公司提供了潜在的创新产品研发空间，互联网技术更是很好地提供了可用方案及设备。

首先，保险公司能够利用可穿戴设备的定位功能、温度识别功能等高科技手段，放宽保险标的赔付条件；其次，通过互联网平台收集的大量数据，保险公司可实施较为精准的定价策略，实现从单单依靠历史数据的定价模式转变到依靠实时数据的定价模式；最后，基于大量数据对客户个人信用的评估，为责任类保险提供了新的定价依据，进而从各个方面降低新兴业务的风险。

随着手机时代的到来，移动支付日益普及，各大产险公司纷纷推出"手机账户安全责任保险"，以较小的保费投入，确保手机银行账户的安全，为对手机支付安全性充满疑虑的客户提供了安心保障；寿险公司也推陈出新，结合移动客户端特点，推出"摇钱树"万能型保险，该产品属于两全保险中的一种，投保时客户可以通过微信"摇一摇"操作，在得到基础收益回报的基础上获得随机的附加收益，给用户耳目一新的投保体验。阳光保险公司推出了新版官网，改变了以前保险行业以产品为王的销售思路，融合了保险业的特点及现在淘宝、京东等电商平台的消费习惯，以理财产品、健康类产品、意外保险产品等为主，迎合大众目标客户群体，无论是网站的信息架构设计、客户的体验，还是产品的流程设计等都重新审视定义，得到了客户的一致好评，从而提高了销售业绩。

## 3. 优化产品结构

保险公司要把目标客户人群作为出发点设计产品，以客户需求为导向，不断地创新、设计多种多样的互联网保险产品。国内的互联网保险产品应将设计重点放在中长期产品上，这样的产品在互联网平台上具有比较大的潜在发展能力。在产品形态和设计上也要做出改进，使得新型产品更加适合在互联网平台上销售，这更有利于互联网保险长期健康发展。由于互联网保险要面对不同阶层、不同年龄、不同职业的客户，这就需要保险公司开发出全方面、多层次的产品，以满足客户的不同需求，优化保险产品的结构，避免产品单一。目前国内互联网保险平台还处于发展的初级阶段，一些互联网保险平台还不能完全实现一站式服务，因此还需要保险公司优化升级运营体系，完善在线操作的各个流程和功能，提高互联网保险产品的运营效率，全面提升客户的满意度。

## （二）培养复合型高水平人才

互联网保险属于新型业态，发展潜力巨大，"金融＋科技""金融＋法律"复合型人才的缺失是制约互联网保险快速发展的瓶颈之一。为适应互联网保险日趋多元化、综合化的发展趋势，监管部门、保险机构均应重视高水平、复合型人才的招聘和培养，详细制定金融科技人才培养计划，建立有效的人才招聘和培训机制，招聘更多的复合型人才，在工作实践中进行锻炼，造就既懂金融又懂科技的专业人才，优化从业人员结构。

## （三）加强保险监管机构的监管

### 1. 完善监管体系

由于我国互联网保险发展速度过快，导致近几年的互联网保险市场比较混乱，大数据时代的到来给互联网保险的经营带来了很大问题。为了使互联网保险平稳持续发展，相关监管部门应提出明确的经营要求，尽快出台完善的与互联网保险信息安全相关的法律法规，全面提升互联网保险信息安全保护的级别，为互联网保险的信息安全保护制定明确的制度要求。如明确互联网保险产品的准入条件，提高互联网保险公司经营的门槛，让管理经验丰富、信息技术过硬、配套设施完备的保险公司来销售互联网保险产品等。另外，监管部门还应建立健全的互联网保险法律法规，为互联网保险长期稳定发展提供良好的法律环境。

首先，道德风险和逆向选择作为保险行业的两大高发风险，监管部门可以根据互联网保险的特点，针对存在这两种风险概率高的业务出台明确规定，还要完善整个互联网保险行业的法律法规，制定出详细的互联网保险行业的制度规范，进一步规范约束互联网保险的运营方式、销售手段、费用政策等；其次，监管部门的监管职能也应加强，营造出安全高效的市场氛围；最后，还应建立互联网保险业务的单独核算制度、创新互联网保险产品的审批制度等，以确保保险公司拥有足够的偿付能力，使得互联网保险有法可依、有法必依，以法律法规的刚性要求及严格的制度规范来保障互联网保险的健康、可持续发展。

### 2. 加大监管力度

在互联网保险有相应法律可以倚靠的前提下，还要做到依法适度监管。运用互联网保险相关的法律法规必须要考虑互联网保险的灵活性和互动性，同时兼顾法律的严肃性和实效性。既要严厉坚决地打击保险公司可能出现的违法行为，如洗钱、欺诈、恶意竞争等，又要以相对包容的态度面对互联网保险业务的创新，在新兴产品上尽量不采用"一刀切"策略，避免过度监管而遏制互联网保险的正常发展。

保监会于2017年制定了《中国保监会关于加强保险消费风险提示工作的意见》，文件中提出要规范运作流程，加强保险消费风险监测、识别。保监会相关部门、保险行业协会、保险公司及相关机构要重视对消费风险的监测、识别和评估，高效识别消费风险。高度关注并监测新业务、新领域等蕴含的消费风险，尤其是互联网保险业务的消费风险问题。综上可看出，保监会对于互联网业务的关注程度及监管意识。

另外，《保险法》的法律条文也应与互联网保险业务的快速发展相结合，对互联网保险的发展有明确的规范与指引。

3.建立多层次系统机制

建立健全的互联网保险信息体系，保障电子结算安全，确保签署的电子投保单及合同符合法律要求；建立专门针对互联网保险的规章制度，保障其可持续发展，从法律法规层面全面提高监管水平；建立互联网保险业务明确的进入、退出机制，将其正式纳入监管的范围，对各保险公司的运营能力分级，建立多层次的市场机制；建立整个互联网保险行业的信用体系；建立互联网保险风险防控系统，确保互联网保险业务公平、公正、公开的竞争，阻止相关犯罪行为的发生，让互联网保险在监管部门的严格监督管理下健康发展。

## （四）提升保险公司平台系统水平

提升保险公司平台系统的水平是互联网保险业务长期发展的基石。保险公司要不遗余力地提升互联网技术，给予用户个人隐私保障足够的重视。保险公司自身运营系统要不断升级并及时更新，一旦发现问题要尽快安装补丁，还要与专门从事互联网安全工作的科技公司合作，建立专属本公司的互联网保险风险评估体系，根据自身的经营特点，制定相应的规章制度，同时，需要拥有监督公司平台运营状况的设备，防止运营之中出现大的问题，定期模拟超大流量访问以对系统进行测试，以防在极端环境下出现系统瘫痪状况。

互联网技术的应用不应仅仅限于产品的宣传和销售上，还可以在保险公司的业务管理中发挥优势。如在机动车辆保险的承保过程中，保险公司可以与销售车载设备的公司进行数据共享，将风险评估标准录入车载设备中，利用车辆日常行驶的情况进行数据收集，协助保险公司高效、准确、科学地厘定每台车的费率，大大地提高承保标的质量。又如，在机动车辆保险的理赔中，保险公司可以和制造3D摄像器材的公司合作，采用3D摄像技术定损，全方位无死角地记录车辆损失状况，不仅简化了人工核赔流程，而且也降低了核赔过程中的道德风险。

### （五）全面普及互联网保险知识

互联网保险是新兴的商业模式，保险行业有较强的专业性，消费者虽然保险意识日益增强，但对于种类繁多的保险产品、过于专业的保险条款术语、纷杂的理赔条件，很难真正理解。监管部门、行业自律组织、互联网保险公司应通过各种宣传活动，加强市场力量的培育和引导，通过公众、媒体等渠道，利用问卷调查、询问等方式，在全社会范围内普及互联网保险知识，提高消费者的保险素养和维权意识。

### （六）加强互联网保险消费者权益保护

1. 加强信息安全保障措施

保险公司在经营方面，应加强信息安全保障措施。由于互联网保险必须在线提供个人信息，消费者在提供准确的个人信息的同时，也需要个人隐私的安全与保密；保险公司则需要精确的投保人信息为其制定保险产品，也要防止客户信息的泄露。加强信息安全保障措施，一方面可以通过技术手段对投保人的信息进行保护，例如保险公司可以通过专业的机构制定一套互联网保密技术、防火墙技术等，另一方面保险公司内部可以制定相关规章条例，在企业内部建立起重视隐私保护的观念，提前做好隐私保护的准备工作。

2. 加强互联网保险领域立法

我国目前针对互联网保险的法律规范为《互联网保险业务监管办法》，主要是对保险公司开展互联网保险业务进行规范，由银保监会印发，属于其他规范性文件，效力层级过低，且对于如何保护互联网保险消费者的合法权益提及较少。

对于《保险法》，虽然其效力层级高，但其规范的是整个保险业的监督管理，对于互联网保险缺乏针对性。而金融保险产品是否受到《中华人民共和国消费者权益保护法》（简称《消费者权益保护法》）的调整，学界存有争议，且实践中，也很少引用《消费者权益保护法》来裁判互联网保险纠纷案件。因此，目前立法上对于互联网保险消费者权益保护的规范存在欠缺，应加强互联网保险领域的立法，尤其需要重视以下三个方面的问题。

（1）明确互联网保险消费者概念

对于互联网保险、保险消费者以及互联网保险消费者的名词在我国很多部门规章、通知类文件中都有使用，但始终没有在法律层面上对互联网保险消费者进行明确的界定。没有明确的概念界定，不仅导致学界对其概念争论不休，影响研究方向与进度，而且还导致对其保护范围、保护措施的不确定。

互联网保险消费者应当界定为通过互联网技术完成线上购买保险产品的自然人、法人和其他组织，但专门以投资为目的购买保险产品的法人和其他组织除外。将此概念以立法形式进行明确，有利于对互联网保险消费者的合法权益进行保护。

（2）确立适度倾斜保护原则

消费者在交易中往往处于弱势地位，对于互联网保险消费者，其在信息获取、财力、专业知识方面明显处于劣势，故其弱势地位更加明显。对互联网保险消费者进行适度倾斜保护，可以使得保险公司和保险消费者处于同等的法律地位，从而更好地保护互联网保险消费者的合法权益。

因此，在针对互联网保险领域立法时应适度倾斜立法。但同时需要明确的是倾斜保护原则只保护合法权益，对于故意不如实告知、恶意违约等违法行为，不能适用该原则。

另外，要把握好"适度"倾斜保护原则，不能对互联网保险消费者过度保护，否则容易造成消费者恶意违约、骗保等事件发生，进而影响互联网保险市场的健康发展，影响整个金融行业的稳定。

（3）保障互联网保险消费者的知情权

互联网保险消费者的权利应当被充分予以保护，而众多权利中，尤其需要加强对互联网保险消费者知情权的保护。为了确保互联网保险消费者的知情权得到保障，应当规定以下几点。

①保险公司应当做好网页设计，完整展示条款内容，并采用特殊字体、符号、醒目颜色对免责条款进行特别提示；设置强制停留阅读程序，保证投保人在合理时间内强制性阅读合同条款。

②保险公司必须充分履行提示说明义务，包括各种互联网保险产品的功能、消费者需要被如实告知的事项、保险公司的免责情形等。

③保险公司及其从业人员销售误导行为的法律后果。虚假宣传、虚假承诺等销售误导行为，侵害了互联网保险消费者的知情权，给其造成了严重的损失，因而要对此行为进行惩处，以整肃互联网保险环境，确保互联网保险的稳定健康发展。

### 3. 加强互联网保险消费者信息安全管理能力

在数字化时代，极具价值的信息已经成为经济市场主体占据市场地位、获得盈利的有效武器。对以消费者为销售对象的企业来说，掌握更多的消费者信息相当于获得更大的优势，这使得消费者的个人信息安全在利益追逐下受到威胁。

保险行业在网络平台上发展，投保人个人信息也相应面临泄露的风险。提高传统保险公司、第三方网络平台以及专业互联网保险公司的信息安全管理能力极为重要。监管机构应该从企业内部人员管理、外部风险防范两方面对互联网保险业务的经营机构做出规定。

（1）企业内部人员管理方面

互联网保险业务经营机构应加强内部人员队伍建设，提高内部人员的保密意识，定期对内部人员进行消费者个人信息保护的培训与教育宣传，切实解决内部人员泄露消费者个人信息的问题。

（2）外部风险防范方面

互联网保险业务经营机构应加强内部信息技术团队建设，在安全系统被攻击或产生漏洞时，可以及时应对与修补；不断升级安全系统，加大科技投入，可针对具体情况考虑选择区块链等科学技术对消费者信息进行加密保护，提升信息安全管理的能力。

在规定互联网保险业务经营机构应增加内部与外部风险防范措施以提高信息安全管理能力的同时，监管部门应加大对消费者个人信息泄露问题的处罚力度，以提高相关机构在经营互联网保险业务时保护消费者个人信息安全的意识，自觉提升机构的信息安全管理能力。在发生信息泄露问题时，明确责任主体，衡量事故发生的责任因素，若因经营机构自身未有效管理员工行为或内部信息技术手段未达标等情况造成消费者信息泄露，在经营机构弥补损失之后应对其加大处罚力度。加强互联网保险业务经营机构的消费者个人信息安全管理能力，是对消费者隐私权的保护，也将推动互联网保险的发展。

4. 健全互联网保险消费者权益保护的纠纷解决机制

当互联网保险消费者的合法权益受到侵害时，维护消费者权益的最后一根稻草便是保障权益受损后的救济，在重视消费者享有的权利的同时，必须构建完整的纠纷解决机制，且该纠纷解决机制应是多元化的，是符合互联网经济特征的，是高效便利的。具体可以从以下三个方面进行完善。

（1）推进非诉解决机制与诉调对接机制的建设

非诉解决机制是指互联网保险消费者采取诉讼之外的方式来解决与互联网保险经营者的矛盾纠纷。金融消费权益保护局于2013年起，在部分地区推行金融消费纠纷非诉解决机制，该机制具有处理效率高、耗用成本低、灵活性强的特点，对于化解矛盾纠纷效果显著，使得金融机构与金融消费者之间的关系得以缓和，重塑了消费者对于金融机构的信心。

金融消费纠纷非诉解决机制在长三角地区正在积极地构建，取得了良好的效果，但由于全国各个地区的发展状况都不一样，而金融消费纠纷非诉解决机制的构建又需要大量的财力、物力以及专业的金融人才，该机制目前在全国范围内并未完全建立。在全国范围内推广金融消费纠纷非诉解决机制，各个地区可以根据本地区的实际情况，借鉴长三角地区的宝贵经验，构建符合互联网经济特征、满足互联网保险发展的多元化纠纷解决机制。

诉调对接机制是指将诉讼解决方式与非诉解决方式相衔接，将案件进行合理的分流，提高纠纷解决效率。若大部分纠纷诉至法院，法院案件数量积累过多，增加了法院的办案压力，进而也会影响纠纷解决效率。另外，对于诉讼标的额不大的消费者，采用诉讼方式往往得不偿失，故应当推进诉调对接机制的建设。针对互联网经济的特征，可以建立网上诉调对接中心，对于诉至法院的案件，在案件审理前，先根据案件的诉讼标的额大小进行分流，对于诉讼标的额较小的保险纠纷案件设置调处前置程序；构建诉调转换机制，若保险纠纷双方当事人有意向重新进行调处，则可由法院将案件移送调处平台进行处理，减轻法院办案压力，提高纠纷解决效率。

（2）推进在线纠纷解决机制建设

针对目前互联网保险消费者维权成本过高的问题，建议推进在线纠纷解决机制建设。消费者通过互联网购买保险，是因为通过网络购买保险方便快捷、服务优质，可以获得很好的用户体验，但若出现了纠纷，无法快速有效地解决，无疑会使消费者失去对互联网保险的信任，不利于整个互联网保险行业的发展。故而如何提高互联网保险纠纷解决的效率至关重要，可以借鉴杭州互联网法院"网上案件网上审"的审理思维，将涉及互联网保险消费的案件统一归纳在一起，通过互联网技术的运用，实现诉讼双方不用亲自到法院，在家里通过电脑即可完成整个诉讼程序，为消费者节省了大量的时间和金钱，解决了互联网保险消费者维权成本高的难题。在线纠纷解决机制可以很好地适应互联网保险的发展，可以快速、有效地解决互联网保险纠纷，让消费者通过互联网购买保险没有后顾之忧，增加互联网保险消费者对互联网保险的信任，有利于互联网保险的健康稳定发展。

（3）构建互联网保险证据备案制度

针对互联网保险消费者在纠纷解决过程中举证难度大的问题，可以通过构建互联网保险证据备案制度来解决。消费者通过互联网购买保险时，很难有意识地将电子保单下载保存、网站页面进行保存，当纠纷发生后，保险公司提交的保单、网页宣传信息等很难核实其是否与当初消费者购买时的保险产品内容一致，为了方便消费者举证，提高证据真实度、可信度，可以构建互联网保险证据备案制度。

该备案制度应包括以下两点：①保险公司应主动将网站宣传页面内容、保险产品保单、表明已尽到提示说明义务的内容等证据材料上传至统一的证据备案存储系统；②相关网站设置自动屏幕录制程序，将消费者整个购买保险的过程进行录制，包括消费者浏览的保险条款、阅读时间、身份认证等全部记录下来，并将生成的电子保险单自动保存，再自动上传至证据备案存储系统。通过将保险公司的证据材料与消费者的证据材料统一上传至证据备案存储系统，可以减轻互联网保险消费者的举证难度，避免互联网保险消费者因未能提供有效证据而承担不利后果的情况。

### （七）完善互联网保险合同的法律规则

#### 1. 强化互联网保险投保人身份的认定

如何确定电子保单中投保人的身份，在互联网科技与互联网保险发展的初级阶段，确实是一个有待攻克的难题，但随着互联网科技的不断发展，这一问题也有了解决的办法。有些人认为，互联网实名制认证就可以确定投保人。但从实际应用性来说，实名制认证不具有可操作性，因为其中可能涉及用户隐私权的保护、互联网技术运用的限制等问题。而且现在普遍存在上网群体的年轻化趋向，现实生活中也不乏存在一些未成年人使用父母的手机、银行卡购买虚拟产品的现象，对不具备民事行为能力的人所实施的民事行为，一般在生活中会被认为是无效的。

因为互联网保险合同的签订具有虚拟化特点，所以在认定投保人是否适合时没有传统保险业务那样方便快捷。互联网保险合同的签订只需要在互联网上以数据传输的方式进行，并不需要在现实生活中面对面地进行签订，所以互联网保险的这种便捷性也会存在隐患。无论何人，只要拥有一个完整的身份信息，就可以在任何有互联网的地方进行互联网产品的交易，然而保险人却很少会对拥有完整身份信息的投保人产生怀疑。因为互联网保险最重要的是运用身份信息去进行投保，在互联网保险中保险公司没有设置专门的程序或方法去验证投保人的真实信息，没有保证投保人必须运用本人真实身份信息投保的措施。

在这种情况下，传统的识别投保人是否适合的方法已经不能适用，需要新的方法对投保人身份和是否适合进行认定。保险公司可以建立专门的检测系统，对投保主体进行严格的检查，如保险公司通过建立数据库，与政府机关的数据库进行对接和信息共享。政府权威机关为保险公司提供基础资料，保险公司为权威机关补充后续信息，从而达到互利共赢。通过信息共享，当投保人进行投保时，可以明确投保人的身份信息，防止出现冒充现象。还可以通过新技术的运用，如图片采集技术与网络视频技术的运用，对投保人进行实时核验，通过图片和视频，再结合保险人自己输入的信息，比对保险公司掌握的信息，可以有效解决没有到达具备民事行为能力年龄的确认问题。随着法律法规的完善，例如《中华人民共和国电子签名法》（简称《电子签名法》），通过消费者进行网上签名，也可以认定网络消费者的身份信息。

当然，为了减少现实中对投保主体认定失误而产生的纠纷，保险机构一般可以采用投保前视频照片上传，投保后进行实时回访的方式，通过发送信息让投保人确认或者直接打电话进行确认。政府机构也应采取措施进行监管，通过出台更加便利的政策，方便对互联网上投保主体的认定，减少此类问题的发生。

2. 明确互联网保险合同成立的标准

对于互联网保险合同成立标准问题的争议，本质上还是对双方何时达成合意而衍生出来的问题的争议。应对这个问题可以从以下两个方面入手。

首先，从立法方面，针对互联网保险这种特殊的保险形式，应当加强相关方面的立法。用司法解释或者法律法规等条文明确规定保险合同成立的标准、在何种程度下可以认为双方达成了合意，补足相关方面立法的不足，使实践中这种问题再次发生时可以找到明确的依据。

其次，从保险机构方面，保险机构应当制定内部的应对措施，利用技术措施明确双方合意达成的时间点。保险机构可以加强技术研发，通过技术手段证明保险人在何时同意承保，即使保单没有顺利签发，也可以确定合同的成立。这种技术可以是在后台实时记录，或者是互联网订立保险合同同步录音录像等技术。

3. 明确互联网保险说明义务的履行标准

当前我国的《保险法》中并未明确规定投保人说明义务的履行标准，互联网保险中也没有明确互联网保险人说明义务的履行标准。实践中关于互联网保险人说明义务履行标准的争议越来越多，因此需要对实践中互联网保险人所普遍采取的说明方式进行更加深入的探讨，从而使互联网保险说明义务的履行标准得到明确。

在各种对保险人说明义务的履行标准的著作与学术讨论中，主要存在"形式标准"和"实质标准"这两种观点。

"形式标准"是指投保人只要签署证明保险人已经履行说明义务的证明文件，就可以认为保险人已经完成了提示说明义务，无论保险人是否在实际中进行了说明以及投保人是否对条款有充分的认识。在互联网保险中由于保险条款的高度专业性和投保人专业素质不高等原因，导致互联网保险合同中投保人处于弱势地位，单单依靠表面形式就认为保险人履行了说明义务已经不能符合实际情况。

因此，在互联网保险中，已经不能仅仅通过"形式标准"就认定保险人是否履行了说明义务。

"实质标准"是指在保险合同中规定的对保险人免责条款除了通过改变字号大小、颜色等方式清楚地标示出来外，保险人还应当将合同中的免责条款对投保人进行口头的提示说明，使投保人对保险人免责条款的内容、法律后果有清楚的认识与理解，从而使投保人明了该条款的真实含义和法律后果。"实质标准"注重双方对免责条款的真实理解效果，更大程度上提高了保险人履行说明义务的标准，使保险人不仅要提示投保人注意到免责条款，更重要的是使投保人对免责条款做到真正的理解。

在《保险法》中，可以看出法律规定的说明义务履行事实上更偏向于"实质标准"。

但是，虽然采用"实质标准"，在判定中依旧需要形式的要件，最终还是需要通过对投保人行为进行确认，如线下保险中投保人的签字、线上投保人的打钩确认，通过行为外观推定是否达到"实质标准"。保险人的说明标准事实上已并非纯粹单一的"实质标准"或"形式标准"，在实践中也不是单纯地使用一种标准来判断。

随着社会与科技的发展，单纯的某一种标准已不能作为说明义务是否履行的判断标准，应将两者结合起来进行判断，在判断保险人是否履行了说明义务时，不能只关注是否在网页上进行了说明或者投保人是否在网页上进行打钩，还应结合具体的情况，判断说明条款是否真正的引起了投保人的注意及令投保人理解，保险人的免责条款只有在引起了投保人的注意及其理解后，才能认为保险人履行了说明义务。

### （八）正确处理支持创新与加强监管的关系

监管要做到审慎包容，既要鼓励支持创新，释放行业创新活力，又要有效识别伪创新、乱创新，将是否有利于行业发展，是否有利于防范化解风险，是否有利于保护消费者权益作为衡量互联网保险创新业务合理性的标准，形成行政监管与市场发展的正向激励和良性互动，引导互联网保险新型业态的健康合规发展。

### （九）互联网保险机构应提升风险防范意识

互联网保险机构应树立"风险管理，人人有责"的理念，上至股东、高管，下至普通员工，都要树立风险防范意识，按照工作职责参与风险管理工作，承担日常风险管理职责；建立合理的公司治理结构、有效的激励约束机制，加强内部稽核与审计，最大限度地防治道德风险和逆向选择；建立独立运营、拥有完整数据的自营网络平台，完善网络安全检测、边界防护、入侵检测、数据保护、灾难恢复等网络安全防护手段，全面落实网络安全等级保护制度，切实提高应对风险的能力。

### （十）全面完善互联网保险监管的法律法规体系

2020 年 6 月，银保监会印发《关于规范互联网保险销售行为可回溯管理的通知》，标志着互联网保险进入可回溯时代。2020 年 12 月，银保监会发布《互联网保险业务监管办法》，对于全面规范互联网保险业务合法依规经营，有效防范风险，保护消费者合法权益，促进行业健康、稳定发展，具有非常重要的里程碑意义。未来，银保监会还会出台互联网保险跨区域经营的细则。相关部门要严肃市场纪律、适时调整策略，建立更加规范全面的行业监管法规，提高互联网保险行业监管的透明度和法治化水平，健全互联网保险行业风险预防、风险预警、风险处置机制，建立统筹协调、全面覆盖、有效有力的互联网保险监管法律法规体系。

### （十一）科技赋能，推动科技与保险监管深度融合

推动互联网、大数据、人工智能和保险监管的深度融合，促进科技实力在监管领域的大幅跃升。强化监管科技基础设施建设，对互联网保险公司和中介公司采取特殊的创新监管办法。广泛应用高新技术提升监管效率和风险防范的有效性。借助大数据等信息工具，实施差异化的分类监管治理，提升信息披露透明度，加强信用风险预警。完善互联网保险信息安全监管，构建互联网保险的网络安全体系。

## 第四节　互联网购买保险的步骤

互联网购买保险包括相关平台网页端购买、APP购买等，下面主要介绍网页端购买步骤（以工商银行为例），APP购买步骤类似。

在工商银行网站购买保险具体操作步骤如下。

①登录到网上银行，在个人网上银行页面单击"网上保险"超链接。

②在右侧的操作界面中，查看工商银行支持购买的保险，单击产品名称超链接。

③打开阅读保险产品说明书。

④单击产品说明页面的"返回"按钮，在该产品右侧单击"投保"超链接。

⑤在新打开的投保协议页面选中"风险提示"复选框，单击"下一步"按钮。

⑥设置相关的购买信息，包括购买份数、缴费方式、缴费期间、红利领取方式等。

⑦在该页面下方选择保单的寄送方式，选择缴费账户。

⑧在新打开的页面中设置投保人信息，包括基本联系信息与收入情况等。

⑨在该页面下方的健康提示书中，慎重选择其中的按钮，单击"下一步"按钮。

⑩在新打开的页面中设置受益人基本信息，单击"添加"按钮。

⑪在该页面下方，可以看到已经添加的受益人信息，单击"下一步"按钮。

⑫在新打开的确认信息页面确认相关信息，单击"确认投保"按钮，并完成相关安全支付即可。

# 第五章　数字化时代下的基金投资

随着经济发展越来越快，人民收入不断提高，国民生活水平不断上升，越来越多的资金投入到资本市场中去，我国的基金市场规模日渐壮大，也需要科学的分析方式去帮助投资者做决断，以期能有较大的概率获取收益，同时使投资者面临较小的风险。本章分为互联网基金入门、互联网基金的特点、互联网基金的风险评估、互联网购买基金的步骤四部分。主要内容包括：互联网基金相关概念界定、互联网基金的分类、互联网基金产生的影响等方面。

## 第一节　互联网基金入门

### 一、互联网基金相关概念界定

#### （一）证券投资基金

1. 证券投资基金的界定

证券投资基金是一种收益共享、风险共担的集合证券投资方式，它通过发行基金单位，集中投资者的资金，由基金托管人托管、基金管理人管理，从事股票、债券、外汇等金融工具投资，以获得投资收益和资本增值。

2. 证券投资基金的特点

（1）组合投资、分散风险

根据投资专家的经验，要在投资中做到分散风险，通常要持有10个左右的股票。然而，中小投资者通常无力做到这一点。如果投资者把所有资金都投资于一家公司的股票，一旦这家公司的股票价格大幅下跌乃至公司破产，投资者便可能尽失其所有。而证券投资基金通过汇集众多中小投资者的小额资金，形成雄厚的资金实力,可以同时把投资者资金分散投资于各种股票,分散了投资风险。

(2)专业理财

基金资产由专业的基金管理公司负责管理。基金管理公司配备了大量的投资专家,他们不仅掌握了广博的投资分析和投资组合理论知识,而且在投资领域也积累了相当丰富的经验。

(3)方便投资

证券投资基金最低投资数量一般较低(如100份基金单位),投资者可以根据自己的财力购买基金单位,从而解决了中小投资者"钱不多、入市难"的问题。而且为了支持基金业的发展,我国还对基金的税收给予优惠政策,使投资者通过证券投资基金所承担的税赋不高于直接投资于证券需承担的税赋。

3. 证券投资基金的分类

证券投资基金最常见的分类,一是根据组织形式的不同分为契约型基金和公司型基金;二是根据基金单位可否赎回、规模是否固定分为封闭式基金与开放式基金。

证券投资基金根据投资目标的不同,还可分为收入型基金、成长型基金和平衡型基金。收入型基金主要投资于可带来现金收入的有价证券。其特点是损失本金的风险小,但长期成长的潜力也相应较小,适合较保守的投资者。成长型基金是以追求资本的长期增值为目标的投资基金,其特点是风险较大,可能获取的收益也较大,适合能承受高风险的投资者。平衡型基金是以净资产的稳定、可观的收入及适度的成长为目标的投资基金,其特点是具有双重投资目标,谋求收入和成长的平衡,故风险适中,成长潜力也不是很大。

证券投资基金按投资对象的不同,大致可分为股票型基金、债券型基金、混合基金和货币市场基金等。股票型基金以股票为主要投资对象,是证券投资基金市场的主流产品,其数量在各种基金中最多。债券型基金主要以政府公债、市政债券、公司债券等债券品种为投资对象,其投资目的在于获得较稳定的收益。债券型基金在一般情况下定期派息,除高收益债券型基金外,债券型基金的风险和投资回报率通常比股票型基金低。混合基金同时投资于股票和债券。根据股票和债券在混合基金中比例的不同,这类基金还可以进一步细分为偏股型基金、偏债型基金和配置型基金。货币市场基金是指将所募集的资金统一投资于货币市场上那些既安全,流动性又强的短期金融工具(如短期国库券、可转让存单、商业票据、银行承兑票据等)的投资基金,其核心在于通过增强流动性来降低投资的风险。

## （二）互联网基金

### 1. 互联网基金的界定

互联网基金是指在借助互联网媒介的基础上，实现投资客户与第三方理财机构的直接交流，从而绕开银行介入，是对传统金融理财服务的延伸和补充。在这种"金融脱媒"的理财模式下，银行在客户和第三方理财机构之间不再起着有偿连接作用，弱化了银行的金融中介地位，大大提高了理财效率并降低了理财成本。

### 2. 互联网基金的影响

（1）对投资者的影响

节省了投资者前往银行、营业部的时间、交通成本，使投资者能享受更方便、快捷的服务，而且投资者利用互联网获取信息的成本也大大降低。可以保证投资者在任何时间、任何地点进行投资，投资者的行为不再受时空和最低资金要求的限制，提高了投资者的自由度，金融理财投资更加趋于民主化和大众化。

（2）对商业银行的影响

互联网提供个人理财服务，减少了信息不对称程度和交易成本，在一定程度上争夺了银行原有的客户。一方面，购买这类网上基金产品的资金积累的越多，给银行带来的协议存款成本就越大。另一方面，在互联网基金产品没有出现之前，客户投资基金产品的渠道大多是通过商业银行的代销。商业银行代理基金业务的收入也随着互联网基金的盛行而大幅缩水。以上两个方面都对商业银行的盈利能力带来了不小的冲击，一定程度上损害了银行的利益。但是，从打破银行业的垄断地位，倒逼商业银行应对挑战，改革经营模式的层面来讲是具有积极意义的。

## 二、互联网基金的分类

互联网基金的分类仍可按传统基金的分类标准进行划分，但中国公众对于互联网基金的了解应该是从以"余额宝"为代表的"宝宝"类产品出现开始的，而这些"宝宝"们属于货币市场基金的范畴。学者张富强、刘桉呐认为，"互联网基金是指在信息时代，以互联网大数据处理方式为技术支持，以电商网站为平台，以用户体验为核心，通过第三方支付机构与基金公司的跨业合作，嫁接出的一种互联网货币基金。该种基金旨在将碎片化的用户账户资金予以集中，在保障安全性和流动性的前提下，尽可能创造收益。"

参照以上观点及锐思数据库中的分类方式,按照其发行机构的不同将互联网基金分为三大类型,具体包括:平台系互联网基金、商业银行系互联网基金、基金系互联网基金。

### (一)平台系互联网基金

平台系互联网基金由互联网企业、电商运营平台、第三方支付机构等互联网平台供应商作为发行机构推出,突破了以往传统的金融机构发行方式,该类基金具有两个特点,一是以互联网平台供应商前期研发的相对较为成熟的APP为基础,如支付宝推出的余额宝、腾讯推出的微信理财通等;二是以网站社交平台或电子商务交易平台的基金产品为基础,如百度推出的百度百赚、苏宁云商推出的零钱宝等。这些互联网平台供应商通过与传统基金公司合作产生互利共赢的效果,互联网平台通过基金公司增加了客户黏性,解决了平台闲置资金的利用问题,基金公司通过互联网平台扩大了投资者范围,丰富了投资者多样性。

如今,我国的阿里巴巴、腾讯、百度三大互联网企业对接的货币基金基本占据着整个互联网基金市场的主导地位。从基金规模来看,截止到2019年9月30日,整体表现最佳的就是阿里巴巴的天弘余额宝货币基金,基金规模净值已经达到10 548.22亿元,远远高于其他互联网基金。

### (二)商业银行系互联网基金

商业银行系互联网基金由各个商业银行作为发行机构,集团旗下的自有基金公司或其他专业基金公司配合参与其中,主要销售模式包括两种,即网上银行销售模式与直销银行销售模式。网上银行销售模式是商业银行通过网上银行完成基金产品销售、收益分配等功能;直销银行销售模式比网上银行销售模式更互联网化,它可以不需要物理网点而单独存在,在节约成本上有独特优势。

例如,中国工商银行的工银薪金货币、兴业银行的掌柜钱包、平安银行的平安盈、中国民生银行的如意宝等。在这类基金系别中,中国民生银行最先迈出第一步,它在2013年9月与汇富添基金管理股份有限公司合作,推出了如意宝,对接汇添富现金宝,同年10月发行民生加银现金宝货币,成为首家推出互联网货币基金的商业银行;2013年12月,平安银行紧随其后,与南方基金管理股份有限公司合作推出货币基金平安盈,对接南方现金增利,后来加入平安基金,对接平安日增利货币基金;在2014年1月,中国工商银行也与旗下自有的工银瑞信基金管理有限公司推出了工银薪金宝来对接工银薪金货币基金。之后各家银行纷纷效仿,截止到2019年9月30日,商业银行系互联网基金中从基金规模来看，表现相对不俗的有兴业银行的兴全添利宝货币，基金规模为748.17亿元，成立以来整体年化收益率为22.96%；民生加银现金宝货币，基金规模为250.16亿元，成立以来总体收益率约25%；平安银行的平安日增利货币以及中国工商银行的工银薪金宝等都表现较好。

### （三）基金系互联网基金

基金系互联网基金由传统基金公司利用互联网平台推出，通常是基金公司在其官网上推出线上货币基金产品或者通过开发移动客户端应用进行产品销售，这些传统的基金公司还单独设立了自身的互联网基金管理账户，为投资者购买基金产品提供了新渠道。通常基金公司会同时在网上销售多种货币基金产品，一般情况下会将互联网基金中的"宝宝类"基金产品展示在最突出、显眼的位置。

例如，南方基金管理股份有限公司的南方薪金宝、华夏基金管理有限公司的华夏活期通、中银基金管理有限公司的活期宝、嘉实基金管理有限公司的活期乐、易方达基金管理有限公司的财富快线等。在这类基金产品中，中银基金管理有限公司的中银活期宝、嘉实基金管理有限公司的嘉实货币、华夏基金管理有限公司的现金增利货币在2019年相对其他基金来说表现稍好，规模净值均在百亿元以上。

## 三、互联网基金产生的影响

互联网基金的兴起，改变了金融市场的发展形式，影响了其他金融业务的发展。一般而言，互联网基金的影响主要包括以下几个方面。

### （一）加快利率市场化进程

互联网基金的快速发展、市场规模不断扩大，对金融市场上的其他金融产品产生了不利的影响，改变了以银行为核心的金融格局，促进了金融市场交易的多样性。一些金融机构为应对这一难题，开始注重资金配置比，并提高资金周转率，促进了金融市场体系的不断完善，并加快了市场利率化进程。

### （二）增加货币政策调控难度

一方面，由于互联网基金的流动性强、收益高，吸引了不少投资者投资，并且互联网基金与第三方支付平台合作，加快了货币流通速度。另一方面，银行在其影响下，存款来源减少，并且由于缺乏有效的监管，与互联网合作的货币基金一般不受存款准备金率、再贴现率等限制，在一定程度上影响了货币参数,增加了货币政策的调控难度。

### (三) 有利于普惠金融的发展

我国大力发展普惠金融,希望更多人可以进入金融市场,并解决中小微企业融资难的问题。投资者在购买互联网基金时,可以近乎零成本了解自己所要投资的产品。互联网平台的帮助,促使金融市场上的资金、投资范围和投资者群体不断增加,这些特点与普惠金融的发展路线相似。

此外,传统金融机构受其启发,开始转变发展模式,改善与客户之间的关系,尤其注重中小微客户群体,也有利于实现我国普惠金融发展目标。

### (四) 促进网上交易平台的发展

余额宝集合了省钱和财务管理功能,吸引了众多投资者进行投资。受余额宝的启发,越来越多的网上交易平台相继出现,与平台合作的互联网基金也越来越多,这在一定程度上避免了余额宝在整个互联网基金中一家独大的现象,呈现出一种各家互联网基金相互竞争、共同发展的局面。

### (五) 给金融监管体制带来挑战

在互联网基金的稳健发展过程中,金融监管体制起着重要的作用。虽然我国为了应对货币基金风险已经颁布了一些法律法规,但是并不能从根本上起到制约作用。互联网基金以余额宝为代表,其流动性强、收益高、风险低等特点加大了金融监管的难度,一旦出现问题,因其客户多,风险扩张快,将会导致不可估量的后果。

### (六) 促进传统金融机构的业务创新

随着互联网基金的兴起,以及智能手机的普及,投资者很容易购买到互联网基金,从而减少了资金流入银行。互联网基金具有更加方便、高效和低成本的现代化优势,为中小型和微型客户提供更加符合金融市场发展情况的产品。传统金融机构如果不及时创新,必然会受到新型互联网金融机构的重挫。商业银行为了顺应互联网基金发展,改变经营理念和发展方向,开发了商业银行系互联网基金,开启了银行转型发展的时代,体现了传统金融机构在整个互联网金融发展潮流下积极创新、不断进取的正确选择。

## 第二节 互联网基金的特点

自 2013 年以来，互联网基金作为新生事物，凭借其独特优势在我国高速发展，接下来从互联网基金销售渠道和互联网基金产品本身两个视角，对互联网基金特点进行分析。

### 一、互联网基金销售渠道视角

#### （一）操作快捷方便

互联网基金最大的优势在于其操作快捷方便。与银行代销等传统基金的销售方式相比，互联网基金选择按照现代管理模式，充分把握当今互联网时代的特点，利用手机和电脑，尽力简化基金销售的各个环节，从客户申请转入资金到最后的资金到账，整个过程都是网络化、无纸化操作。

#### （二）基金公司将互联网高度融入进来

不论是基金公司还是银行，它们一直追逐的目标都是拥有庞大且稳定的客户群。

互联网基金之所以在我国发展如此迅速，是因为基金公司将互联网与基金产品进行了高度融合，从而拥有了庞大的客户群。2013 年 6 月问世的余额宝，紧密地与支付宝相结合，拥有了使用支付宝的庞大客户群，获得了可持续发展的客户，2018 年余额宝规模达到了 1.93 万亿元，2020 年 6 月全国支付宝用户也达到 7.11 亿，与此同时，腾讯财付通旗下的微信支付和 QQ 钱包用户超过 10 亿，之所以出现这样盛大的场面，皆因为基金公司充分利用互联网平台，将基金产品与互联网高度融合。

#### （三）符合新兴客户群体投资的特殊要求

余额宝依靠支付宝，充分利用互联网"长尾效应"，挖掘出并未受到银行重视的新兴客户群体，这个客户群体满足以下三个条件：存在支付宝账户的资金或者闲置资金都达不到银行理财设置的门槛；并没有充分认识基金与理财产品，例如大部分余额宝用户都将其看作一种高收益存款，即高于银行存款收益的活期存款；想进行投资，希望自己的闲置资金能够增值，并且对理财产品很感兴趣。

基金公司通过与互联网结合满足了这些新兴客户群体的投资需求，并且随着互联网基金销售渠道多元化，新兴客户群体中更多人对基金有了深入认识，同时也持续吸引新的客户走进互联网基金领域。

## 二、互联网基金产品本身视角

### （一）低风险

互联网基金资产配置主要是现金和债券，现金和债券本就是风险较小的短期货币市场工具，互联网基金在销售渠道上虽有很大创新，但在本质上仍然属于货币基金范畴，我国货币基金风险很低。

### （二）低门槛

互联网的低成本与便捷性、新兴客户群体的特殊性，共同促成了互联网基金的低门槛特点。基金交易产生的主要费用是管理费和申购赎回费，而互联网基金去掉了这两大费用，一元也能购买基金。以余额宝为例，只要存钱进余额宝，就相当于购买了天弘余额宝货币基金，无申购赎回费用，管理费和托管费低并且直接在产品中扣除。

### （三）流动性强

互联网基金主要是投资于期限短、流动性强的产品，这些产品的发行者大部分是政府或者信用较高的大公司，此外互联网基金产品投资者中机构投资者占比小，个人投资者占据大部分，资金可以随时申购赎回，因此互联网基金具有流动性强的特点。

# 第三节　互联网基金的风险评估

## 一、互联网基金产品风险

随着金融理财迈入数字化时代，资产管理 O2O 时代也随之到来，基于互联网平台的金融资产管理产生的各种风险不容忽视。在信息技术迅猛发展的今天，互联网基金产品主要基于网络平台进行销售等其他服务，不但要承受传统基金产品需要承受的普通风险——市场风险、流动性风险，还因其产品的特殊性，比如销售平台、销售方式和销售渠道的特殊等，面临着其他只针对互联网基金产品的特有风险——网络技术风险、长尾效应风险、同质化竞争风险。

### （一）市场风险

金融行业的行业性质注定其会成为风险高发的领域，其中市场风险是整个金融行业不可避免的风险种类，任何金融企业都不可避免地面对市场风险。市场风险中利率风险所占比例最大，所以互联网基金产品所面临的市场风险中，利率风险是最主要的，互联网基金产品未来收益率与市场利率水平之间有很大的关系。

### （二）流动性风险

流动性风险在当今大资管时代是互联网金融面对的常见风险种类。流动性风险一般指由于没有充足资金或无法以可接受范围内成本获取充足资金进行资金周转导致债务崩盘的风险。互联网基金产品大多时间期限不长，买入与卖出实行 T+0 方式，造成短期内发生巨额赎回风险的可能性较大。

以余额宝为例，对客户而言其一定程度上可充当支付宝的支付账户。不管是付款或转账、提现等活动，余额宝皆可进行，其和传统基金产品不同的是，需阿里巴巴在交易过程中先行垫付客户所操作金额。

这里也涉及在人们遇到回报更丰厚的其他理财产品时，可能出现大量资金赎回情况，造成流动性风险的爆发。

### （三）网络技术风险

在当前大资管时代，互联网日益成为人们进行资产管理的重要平台，而互联网科技最大的特点就是更新换代快，所以维护互联网正常运营，保持相应软件及时更新的要求是非常严格的，需要两方迅速完美匹配，以防出现不兼容问题和页面崩溃问题等导致的操作困难，这种操作困难极有可能使客户操作失误，引发一系列问题。如果大面积存在诸如此类的问题，对于客户信心和品牌信用都是一个不容忽视的打击。

网络技术风险有两种，一是设备风险，二是操作风险。设备风险是指产品依托的硬件和软件设备，比如手机和电脑等硬件设备。如今黑客问题日渐猖獗，用户个人设备极其容易被黑客侵入，可能造成用户的个人隐私信息泄露甚至被盗窃。互联网平台的用户隐私权限过高，我们日常使用的第三方支付平台但凡存在技术上的漏洞，都会导致用户隐私泄露的问题。如今大数据时代不可避免地利用用户隐私信息进行分析，此类风险更是难以避免。而操作风险主要是人为风险，指客户或开发方操作不当导致的数据错误或数据泄露的风险。2017 年

1月10日，支付宝被爆出非密码登录的安全漏洞，在不输入密码的情况下也可通过选择判断支付宝好友来进行登录操作，被网友戏称为"陌生20%登录，好友100%登录"，登录成功后甚至可直接修改该用户登录密码，进而对该用户所有资金进行管理。2019年1月3日，不少微信用户理财通内的资产瞬间清零，波及范围相当之广。

### （四）长尾效应风险

长尾效应的根本是强调"个性化"，即薄利多销，虽然针对个人赚的钱不多，但可以赚很多人的钱。把市场细分成许多小的部分，然后利用这许多小的部分进行累积就会带来明显的长尾效应。通过长尾效应能帮助企业充分利用和挖掘这部分小的市场，可能会带来意想不到的收获。传统金融产品大多"因地制宜"，依据不同客户对象制定不同产品，适合大多数的人群。但随着大资管时代的到来，各种收益颇丰的资产管理产品层出不穷，而互联网基金产品面向的群体可能较多为一些零散客户以及小微型企业，它们的需求在这时能被更细致地察觉到。

比如余额宝，自余额宝上线至今，余额宝的客户中机构企业占比一直不超过1%，其余都是个人客户，在这里"长尾效应"的"小市场、大人群"就得到了体现。事物往往具有两面性，尽管互联网基金产品由于其便捷性和灵活性给客户带来较好的理财体验，但是风险问题始终伴随存在。由于个人客户比较零散，对投资方面的认知程度高低不一，投资资金较为分散，承受风险的能力较低，有些甚至对互联网都不甚了解，因此他们在保护自己利益和分析基金好坏的能力上尚有许多不足，这很可能造成他们受到虚假信息蒙骗从而做出错误的投资决策。在遇到受骗事件时，互联网基金投资者在保护切身利益时可能相比传统金融机构的客户存在更大的困难，比如找不到可追究责任的实体，甚至投诉的地方都找不到，就算可以找到，对个人来说成本也颇高，如果成本大于他们所受损失那么他们将趋向于选择放弃维权。尽管对个人来说所受损失不大，但当人群数目过多时，总受损度其实是颇高的，严重时甚至可能引发小范围金融危机或危害其他金融产品和金融领域，对整个金融体系的稳固发展都极为不利。

因此，长尾效应所引起的风险不受单个个体所控制，它不仅需要客户群体加强自身的理财投资意识和辨别金融产品的能力，也需要相关政府部门加大对互联网金融机构的监督管理力度，制定相应的国家金融政策，建立有效合理的投诉渠道。

## （五）同质化竞争风险

互联网基金产品可在短时间内吸引到数额庞大的投资金额，产生长尾效应。余额宝的成功使得天弘基金和支付宝获利巨大，同时也让互联网基金这一新的理财形式走向大众，许多互联网公司在看到巨大商机后纷纷向基金公司抛出橄榄枝，希望能够实现互利共赢。

于是一大批新的同业竞争互联网基金产品随之问世，包括微信的理财通、京东的小金库、网易的立马金库等。许多基金公司也随之发行属于自身的互联网基金产品，比如博时现金宝、华夏现金增利等。

而目前由于银行理财受到较多限制和打压，商业银行可能更多地将目光投向智慧理财领域，造成互联网基金产品的种类和数目发展越来越庞大，甚至造成互联网基金产品的市场发展进入瓶颈时期。不同互联网基金产品的买入、服务、赎回、转账和收益率等已经发展到几乎无太大差别，互联网基金产品的同质化程度越来越高，因此互联网基金产品的同质化竞争风险也不容小觑。

## 二、互联网基金风险的影响因素

基金在诞生和运作过程中都会伴随着风险，比如国家实施了一些政策，可能改变基金运作所面临的外部环境，基金运作时的投资对象、资产配置比例变化、基金公司规模与实力等都会对基金风险有着重大影响。

### （一）国家层面

国家的宏观经济政策会对市场产生较大影响。国家对宏观经济的调控一般会用货币政策来反映，而货币政策有效传导的工具指标是货币供给量，因此会对货币市场产生很大影响。当国家采取宽松货币政策时，货币市场流动性会增强，这样会降低货币基金类理财产品的收益，引起一系列反应，影响基金风险的大小。

### （二）基金层面

对于投资者来说，规模较大、净资产稳定增长的基金更值得投资，但当基金规模过大时，超出公司管理能力，会引发更大风险；站在管理者角度，当基金净资产大规模减少时，即发生大规模赎回时，就极有可能发生流动性危机，而规模过度扩大，即发生大量申购时，也会使基金公司面临资产配置的难题；从监管部门角度对基金进行分析，当基金发生大幅度变动时，意味着证券市场可能产生剧烈波动，最终会阻碍互联网基金本身的发展。

资产配置可以分散投资风险，能在经济出现周期性波动时减少风险；基金公司类型也会在一定程度上影响基金风险，例如若基金公司是中外合资经营，基金风险可能会受外国因素影响，外国投资者在投资理念与投资观点上的不同都会影响基金风险；管理一只基金的经理如果变动频繁，会打击投资者对该基金的信心，引发大量赎回等事件而导致基金面临风险，同时如果更换了基金经理，那么新上任的基金经理对前期资产的管理运营可能不了解，还需要花时间重新对基金进行管理运作，其中会蕴含不确定性风险，基金收益也会在某种程度上受到影响。

### （三）投资者层面

在金融市场上，投资者作为最重要的成员，其投资决策是受到多方面因素影响的，不仅仅来自外部环境，也来自金融产品本身，这些都决定了投资者的投资心理，而我国互联网基金的收益率又在一定程度上与投资者相关，故我国互联网基金收益率波动是受到投资者心理因素影响的，包括投机动机、羊群效应。

1. 投机动机

我国互联网基金存在投资者结构的不合理化特点，个人投资者占据了全部基金持有人的绝大部分，而机构投资者相对很少。从该切入点来说，首先，个人投资者最大的投资特点就是投资门槛低、资金投入少、流动性较大，由于个人投资者在投资过程中缺乏较为专业的投资理论知识以及正确的投资技巧，在风险的承受能力上也较差，对于他们来说是存在短暂投机心理的；其次，大部分互联网基金属于稳健型，投资者对其放心程度会相对较高，随着现在互联网基金服务的便利程度提高，买进与卖出都较为便利，且服务机构的服务得到大步提升，例如余额宝，投资者在理财的同时也可以享受消费、支付等多功能综合服务，这样的碎片化理财方式会使投资者更加频繁地进行短期投资以获取投资收益，也就导致投资者将闲置资金投入后不会因为外部负面消息而立马大量撤出资金，反而是外部出现的利好消息会引起大家对该基金的进一步关注，从而对基金规模产生较大影响。

2. 羊群效应

在行为金融学中，一方面发现了金融市场上人们很多行为存在着认识偏差，另一方面尝试着从心理学、认知心理等角度解释金融市场上的非正常现象。而所谓羊群效应正是由行为金融学提出并进行分析的，它是一种跟风从众行为，认为投资者的投资行为将会受到外界的影响，尤其是在我国这样的人口大国，有专业投资知识的投资者其实并不多，大部分个人投资者对于我国互联网基金相关信息的搜集和分析能力不强，导致对互联网基金的研究和关注并没有那么深入，例如互联网基金的运作模式、投资特性等，所以当金融市场上出现利好抑或利空消息时，大部分的投资者还处于非理性的投资状态，这时会更倾向根据其他投资者的买卖决策来做决定，如果投资者发现其他投资者做出不投资的决策，那么他就极大可能选择不进行投资；反之如果他了解到别人的决策是进行投资，那么他就会跟着参与到投资中来。

不仅如此，这些没有专业知识的投资者甚至会仅仅通过单纯地看某段时间的收益率高低等这些肤浅信息而盲目做出是否购买的策略，特别是对于我国个人投资者占据绝大部分的货币基金市场，这样的羊群效应更加给互联网基金收益率带来市场波动，使得收益率序列出现波动聚集现象、厚尾特征。

### （四）货币市场层面

从利率形成机制的角度出发，当社会资金供求关系变化时，货币市场基准利率反应灵敏并且具有高效性，无论是对市场资金状况的反映，还是对金融产品收益率进行衡量，都将其作为重要指标；此外，张卫国通过分析货币市场和资本市场，发现两者之间有联动性，主要体现在当股票市场处于繁荣时，会导致债券类和现金类这两种金融产品价格下降，而互联网基金资产配置主要对象是现金和债券，因此直接对互联网基金收益率产生影响，造成收益率下降。

## 三、互联网基金风险的防范对策

### （一）典型国家互联网基金风险防范经验借鉴

国外互联网金融不论是在发展时间还是发展程度上都优于我国，美国最先普及了民用互联网技术，也是首个发展互联网金融的国家；在欧洲，货币市场基金已成为金融机构、企业和政府获得短期融资的重要来源，其在监管上政策相对我国比较健全。因此研究可能适用我国发展的美国互联网基金发展路径，借鉴欧盟的货币基金监管措施，对我国经济发展以及市场稳定意义重大。

1. 美国互联网基金发展路径借鉴

目前，我国互联网经济处于初始阶段，互联网金融业总体规范性差、缺乏监管，隐藏着巨大风险，鉴于互联网带来的信息不对称和大众一致的金融需求，而美国在此又发展得相当完善，通过研究美国的互联网基金发展路径，以下三条路径值得我国借鉴。

（1）利率市场化路径

美国货币基金中最典型的是1999年PayPal推出将余额存入货币基金的服务，也可以说是余额宝的美国版，2005至2007年是利率上行期间，该基金的规模曾达到10万亿美元，但在2008年金融危机后，其丧失流动性和保本两大优势，最终该产品在2011年退出了市场。如果再往前探究会发现，在1980至1986年利率市场化期间，美国货币基金迎来过爆炸式的增长，90年代与互联网结合是迎来了其第二春。

利率对互联网基金风险有着较大影响，我国当前所走的利率市场化路径与美国当初相似，并且货币基金的繁荣不取决于营销渠道，主要是在于利率市场的格局，因此要重视利率市场化路径。

（2）产品专业化路径

美国以无柜台交易新兴模式出现的第一家纯网络银行，凭借低成本而使其综合竞争力远远高过传统银行，当时吸引了很多用户并且其股价上涨迅速，但是后来效仿它的很多，而且传统银行也逐渐电子化，其优越的态势并未持续很久。

通过美国该纯网络银行的例子，会发现我国互联网基金能够长期发展不仅仅是依靠互联网的高科技，也有传统基金的资源积累。美国互联网基金独特的地方在于为了能够方便监管，其经营业务并不复杂，而我国互联网基金的发展趋向于开发各式各样的业务，例如余额宝、微信支付等各种新鲜事物不断出现，所以，从我国互联网基金多样复杂的处境考虑，根据参与主体推出符合市场需求的专业化创新产品就显得很有必要了，因此美国的产品专业化路径可以借鉴。

（3）理财个性化路径

美国发展较好的理财平台是Mint和Wealth Front，其中Mint最大的优势是其作为一个免费个人理财平台并创建了属于个人的财务数据库，具体情况是Mint平台账户与个人所有账户信息相结合，并且能自动更新客户的财务信息与收支情况，同时客户也能够通过该平台查询自己的财务和收支对比情况，在此基础上制定出个性化的理财方案。根据这个平台的运营方式，发现该平台更注重对客户财务数据信息的管理，为客户制定适合自己的独特理财方案提供了方便，比较趋向于投资个性化。

理财平台走数据共享的民间化路径是美国互联网基金发展的重要路径之一，但是Mint所实行的数据共享在我国很难实现，因为大多数金融机构最注重的是对利益最大化的追求，并不会像该平台一样轻易把客户财务数据进行共享，美国之所以有这种将完善数据进行共享的制度，是由于其法律赋予个人使用跟自己有关财务数据的权利，这也体现了互联网金融所具有的开放精神，但这却是我国目前所欠缺的，我国互联网基金在以后的发展中，可以将这种制度逐渐引入。

2. 欧盟货币基金监管措施借鉴

2008年金融危机发生后，欧盟对货币基金的发展很担忧，当欧盟内部市场迅速发展，欧盟开始采取措施加强对货币基金的监管，于是在2013年正式颁布了《货币市场基金条例草案》，在草案颁布以后，欧盟监管货币基金的措施不断完善，现在也处于很成熟状态。通对欧盟货币基金监管措施的分析，以下三个方面值得我国借鉴。

（1）引入浮动净资产价值货币基金

2013年以来我国货币基金发展迅速，规模不断扩大，投资者也越来越多，若是仍然采用以往的固定净资产价值，那么当货币基金有轻微波动时，都会引起敏感投资者的恐慌。

第一，若我国引入浮动净资产价值货币基金，就相当于将准入条件变得更严格。对那些具有管理好、安全性强、流动性高、透明度高等特点的货币基金采用固定净资产价值，会提高投资这类货币基金投资者的信心，也能增强该类基金应对市场波动的能力。

第二，浮动净资产价值货币基金在对其资产进行配置时将会有更多的选择，并且还能提供相对较高的回报率。若该类基金托管人和担保人都有良好的信誉，那么对投资者来说将会是更好的选择。

（2）引入净资产缓冲机制

自从余额宝推出以后，其规模迅速扩大，虽然凭借其自身新模式受到很多人的追捧，但也有不少人担心互联网基金的迅速发展对银行存款业务带来沉重打击。而欧盟提出的净资产缓冲机制，可以将其看作既保护投资者，也对实体经济保护的工具，并非是为了维护银行的存款业务而故意打压互联网基金的工具。

如果我国的监管机构要引入净资产缓冲机制，则应该明确银行存款业务和互联网基金特质的不同之处，而不是完全硬性地将货币基金风险准备金率提高至银行的存款准备金率，否则这样就不是加强对互联网基金的监管，而是对其进行打压，这样对我国投资者以及实体经济的发展都是不利的，所以应该根据我国互联网基金的实际情况正确引入净资产缓冲机制。

（3）发挥互联网基金对宏观经济发展的正面作用

通过对货币基金的研究，欧盟不同机构都认为其对国家经济发展以及在政府、企业融资上都发挥着重要作用，而目前在我国，互联网基金规模占据了货币基金总规模的绝大部分，因此要鼓励互联网基金的发展，采取的监管措施要能使互联网基金的优势得到更好的发挥，根据我国互联网基金的实际情况，不断完善监管互联网基金的规则。

## （二）我国互联网基金风险防范建议

互联网基金在其创新发展的同时具有特殊性风险，虽然我国对其的监管不断在完善，但毕竟我国互联网基金还未发展到成熟阶段，因此应该不断探究风险防范对策。

1. 加强监管

（1）加强对基金管理人的监管

基金公司筹集到的资产是由基金管理人进行配置，而资产配置关乎公司和投资者的利益，因此对基金管理人进行监管有很大必要，具体包括以下几个方面。

①建立相应的机制，比如备案制，对基金管理人资产配置的行为进行监督，确保资产配置合规，防止基金管理人在利益的诱引下，降低客户资产以及资产配置的质量，主要是预防可能发生的资产投资风险。

②定期考察基金管理人对投资范围的掌握程度，确保其将资产配置到监管所规定的范围内，并严格按照组合管理、分散投资的原则对资产进行配置。

③增加一条强硬的监管规定，即当基金管理人不论是因为违反法规，不遵守基金合同，还是因为操作上的失误，最终给基金份额持有人带来损失时，基金管理人要拿出自有财产弥补损失。

（2）加强对申购、赎回机制的监管

监管部门要加强对互联网基金申购、赎回进行监管，基金公司要根据自身运营情况，设置不同申购、赎回额度，定时向监管部门汇报，严格执行当每日的实际申购额达到设定的标准时，就不再受理，而且在特定情况下，对于赎回收取一定惩罚性费用，或者停止赎回。

2. 提高投资者投资素质

在投资者眼中，或许认为互联网基金是最具安全性且可操作性强的金融产品，但事实上由于羊群效应、信息不对称等因素，投资者对互联网基金的认识是远远不够的。

首先，投资者应该从金融市场形势出发，根据市场形势选择合适的投资方式。互联网基金收益率不具有均值回复特征，所以当金融市场出现利好消息时，它在未来一段时间内都将保持高收益率，这时投资者长时间持有该互联网基金能带来较好的收益；反之，当金融市场上存在利空消息，互联网基金收益率并不会随着时间回到均值水平附近，收益率下降趋势会持续较长一段时间，此时持有该基金非最佳选择。但从整体上来看，三类互联网基金对金融市场的敏感程度均存在正向杠杆效应，投资者对负面消息的敏感程度较低，所以对稳健型投资者而言互联网基金是具有发展前景并可以长期持有的。

其次，投资者需要多关注基金本身信息，例如该基金的资产配置情况、基金成立时间、历史收益率、基金运作模式等，这些都是收益率的重要影响因素。虽然同属互联网基金，但各类别互联网基金收益率波动程度不一，在这些基金中，平台系互联网基金收益率波动幅度最小，尤其是天弘余额宝货币基金收益率波动远远低于其他货币基金，因此如果作为稳健型投资者，那么选择类似天弘余额宝的平台系互联网基金是最佳选择之一，而基金系互联网基金由于收益序列更易出现极端值，相比之下更适合风险偏好者。所以对于投资者来说，可以通过在基金网站或者基金对外公布的各年度报告对这些信息进行深入了解，从而购买最适合自身偏好的互联网基金产品，优化投资决策。

3. 国家法规制定与政策完善

（1）反思新设置的风险准备金

监管部门为了防范互联网基金流动性风险提出了风险准备金的要求，但风险准备金的现实性和有效性问题需要反思。将互联网基金规模同风险准备金挂钩，这一规定确实可以对基金规模的快速扩张进行控制，但我国货币市场当前核算所采用的方法是摊余成本法，而监管要求是月末基金资产净值与月末风险准备金的比值不能低于200，若要达到这个要求则需15年，因此对其现实性需要思考；另外用来防范流动性风险的准备金制度本身暗含"刚兑"的意味。或许，可以考虑将风险准备金的计提要求同未付利息挂钩。

（2）强化信息披露制度

目前我国对互联网基金基本信息以外的内容，即披露和披露次数并没有严格要求，基于此，应该增加互联网基金信息的披露以及频率，对于资产配置的方向和比例都应该公示给投资者，尤其是可能对资产净值产生负面影响的事件，要及时进行披露和说明，以避免由于信息不透明而引发大量赎回，也能更好地保护投资者利益。

（3）建立监管协调机制

互联网基金作为新出现的产品，所涉及的领域较多，其混业性等特点需多个部门进行协调监管，所以我国需要完善协调机制，加强数据信息共享。中央银行也应该利用好金融监管部门的实时数据，对互联网基金的流动性、投资者等进行监察，在防范互联网基金风险的同时也能推进互联网基金监管政策的完善。

4. 提高基金公司风险防范能力

（1）建立符合平台业务特点的风险度量模型

每个基金的收益率有一定的区别，适用不同的 GARCH 类模型，因此基金公司应该充分利用自己平台用户的数据，根据自己平台的特色，建立属于自己的风险度量模型，更好地管理风险。

具体做法为：①充分利用大数据以及第三方征信数据，不论是自己公司的还是相关行业其他公司的，对数据及时获取；②加大对风险防控团队的投入，引入风险研究人才，大力度培养，建立强大的风险防控团队，不断提升团队整体专业能力，研究并完善风险度量模型，及时清楚认识基金风险水平；③对负责投后管理的团队进行定期培训和检查，并且根据基金具体情况对风险防范机制进行调整。

（2）发展多元化产品

当前互联网基金产品不断涌现，人们有了更多选择，产品之间的竞争变得更加激烈，为了在市场中稳固地位，基金公司需要对互联网基金产品进行创新。根据统计数据，互联网基金普惠性在下降，提高普惠性的方法之一就是产品多元化发展。可以采取以下措施来提高普惠性：①根据不同领域互联网基金购买情况以及互联网用户情况，制定具有差异化的管理策略；②经常派公司相关职员进行调研，根据市场发展以及客户需求，对产品本身的特性以及类型进行适度调整；③增加对互联网技术部门的投入，引进高能力人才，建立属于自己公司的数据分析库，对互联网基金产品销售渠道或者运营模式适度改变，依靠其特色吸引客户。

（3）预防技术性风险

互联网基金独特之处是基金行业和互联网行业的深度融合，互联网基金风险会受到互联网技术的影响，针对可能出现的技术问题，基金公司应该对此加强监管。

具体措施为：①增加对互联网基金销售软、硬件的投入，确保基金产品在销售时的安全；②增加对网站系统进行安全测试和安全评估的频率，同时为了增加安全测试与评估结果的准确性，公司内部安全技术人员要与第三方平台技术管理人员通力合作；③定期检查服务器，增加检查频率，确认是否有被入侵痕迹，以便在发生入侵危机时能够及时采取应对措施并消除危机；④在网站传输过程中采用SSL加密手段，防止在传输过程中被攻击而泄露客户的敏感信息。

5. 优化产业链运作模式和丰富资产配置选择

从运作模式来说，平台系互联网基金一定程度上能更加充分利用互联网平台大数据的优势以及获取的品牌效应，使得其收益率波动更小，风险最小。尽管商业银行系互联网基金有银行作为信用背书，基金系互联网基金能省去中间方管理，但是在互联网基金的供需产业链中，商业银行系互联网基金与基金系互联网基金经营主体应更加优化互联网这条产业链，进一步提高自身的资源整合能力和管理能力。毕竟在利率市场化过程中，互联网基金起到一定推动作用的同时，也在很大程度上受到市场利率的影响，随着监管机制的完善和加强，互联网基金的收益已逐步趋于正常水平，套利空间变窄，所以在现如今政策宽松的环境下，一方面商业银行系互联网基金和基金系互联网基金要注重运行管理工作，充分利用大数据优势加强流动性风险管理能力；另一方面可以借鉴类似支付宝APP的运行模式，通过大数据进行基金自主推荐，通过一体化综合服务功能增强客户使用黏性，以此提高基金运作的效率。

从资产配置来说，一方面，商业银行系互联网基金和基金系互联网基金更多投资于债券类资产，要想保证其收益率的稳定性，可以向平台系互联网基金一样更多投资于现金类资产以此降低收益率波动幅度；另一方面，尽管不同类别的互联网基金在资产配置上重心稍有不同，但近几年互联网基金资产配置方向几乎只有现金和债券两大类，而现金类绝大部分是投资于协议存款，总体上存在着基金资产配置的单一化和投资组合的同质化，所以我国未来互联网基金行业应当以多层次、多品种的投资标的为良好的发展特征。对此，可以采取以下措施，一方面，由于大部分互联网基金对协议存款的依赖性较高，而协议存款又与Shibor（上海银行间同业拆放利率）存在直接关系，在实施稳健性货币政策的情况下，会较少出现同业拆借市场的紧张局面，由此导致协议存款价格可能会降低，则可以考虑降低协议存款的占比；另一方面，基金管理主体可以充分利用大数据资源整合优势，通过大数据分析投资者需求，结合自身的基金管理风格设计不同资产配置的最优组合，将投资组合进行细分，以多样性的投资组合满足不同年龄、职业投资者的不同层次和风险偏好投资，同时加强创新金融产品，使互联网基金投资标的有更多选择。

## 第四节　互联网购买基金的步骤

互联网购买基金包括相关平台网页端购买、APP 购买等，下面主要介绍网页端购买步骤（以易方达基金管理有限公司网站为例），APP 购买步骤类似。

### 一、基金网上开户

#### （一）登录官网

易方达基金管理有限公司官网：www.efunds.com.cn，点击页面右上角的"注册"。

#### （二）实名认证

①验证手机号码。点击"免费获取"，收取验证短信并输入 6 位验证码；
②设置身份信息，填写真实姓名和身份证号，点击"下一步"。

#### （三）绑定银行卡

①选择用于基金交易的银行储蓄卡。各银行卡在绑定的方式、交易费率、支持功能上有所区别，可通过"银行详情对比"查看，或点击各银行卡查看提示。
②输入银行卡号，前去银行页面进行验证。

#### （四）完善账户信息

根据页面提示填写账户信息。

#### （五）提示开户成功

完善账户信息后，弹出"开户成功"提示。

### 二、基金网上操作

#### （一）基金交易

1. 基金认购

功能描述：在基金募集期间、基金尚未成立时购买基金。

操作步骤：

①在菜单上执行"基金交易"—"购买"命令；

②选择要认购的基金，在其最右面点击"认购"；

③输入认购金额并点击"确定"。

2. 基金申购

功能描述：在基金募集期结束后购买基金。

操作步骤：

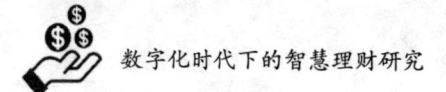

①在菜单上执行"基金交易"—"购买"命令；

②选择要申购的基金，在其最右面点击"申购"；

③输入申购金额并点击"确定"。

3. 基金定投

功能描述：定期定额地投资选定的开放式基金。

操作步骤：

①在菜单上执行"基金交易"—"定投"命令；

②选择要定投的基金，在其最右面点击"定投"；

③选择定投规则（每周、每两周、每月），输入每期金额并点击"确定"。

4. 基金卖出

功能描述：将持有的基金部分或全部卖出并收回现金。

操作步骤：

①在菜单上执行"基金交易"—"卖出"命令；

②选择要卖出的基金，在其最右面点击"卖出"；

③输入想卖出金额，并点击"确定"。

5. 智能交易

功能描述：智能交易指投资者通过网上直销系统预先设定交易触发条件，即设置智能交易计划，当条件满足后，系统自动发起智能交易委托的一种交易申请方式。智能交易计划在设置完成后的下一工作日开始生效，可按照相关指数点位、基金单位净值、基金收益率或者指定日期等条件设置智能申购或赎回的触发条件。

操作步骤：

①在菜单上执行"基金交易"—"智能交易"命令。

②选择要买卖的基金，在其最右面点击"智能购买"等。

③在弹出的界面选择"触发条件"并点击"下一步"。

### （二）基金查询

1. 资产查询

功能描述：查询所持有的基金资产状况。

操作步骤：在菜单上执行"我的基金"—"我的资产"命令，即可查看资产状况。

2. 收益查询

功能描述：查询一定时间段内所持有的基金收益状况。

操作步骤：在菜单上执行"我的基金"—"收益查询"命令，选择起始交易日和终止交易日，点击"查询"，即可查看各个基金在选定时间段内的收益状况。

3. 份额明细查询

功能描述：查询一定时间段内所持有的基金份额。

操作步骤：在菜单上执行"我的基金"—"份额明细查询"命令，选择起始交易日和终止交易日，点击"查询"，即可查看在选定时间段内持有的基金份额明细。

4. 历史分红查询

功能描述：查询一定时间段内所持有基金的分红情况。

操作步骤：在菜单上执行"我的基金"—"历史分红查询"命令，选择基金名称，点击"查询"，即可查看该基金的历史分红情况。

### （三）账户管理

1. 修改账户资料

功能描述：当用户因各种原因需要修改账户资料时，可以通过基金网站进行操作。

操作步骤：
①在菜单上执行"账户管理"—"修改账户资料"命令；
②进行修改后，点击"确定"；
③在跳出的界面中进行最后的确认，如无误点击"确定"即修改成功。

2. 结算账户管理

功能描述：当用户需要开通或更换银行结算的银行卡时，可以通过基金网站进行操作。

操作步骤：

①在菜单上执行"账户管理"—"结算账户管理"命令；

②选择相应的银行并填写相关信息后，点击"下一步"；

③再根据提示进行相应操作后，即提示开通成功。

### 3. 修改密码

功能描述：当用户认为登录密码不安全时，可以通过基金网站进行密码的修改。

操作步骤：

①在菜单上执行"账户管理"—"修改密码"命令；

②按提示分别输入原密码和新密码，点击"确认"。

### 4. 资讯信息定制

功能描述：当用户需要及时了解某些资讯信息时，可以通过基金网站进行相关服务开通的操作。

操作步骤：

①在菜单上执行"账户管理"—"资讯信息定制"命令；

②如信息无误，点击"确认"；

③选择需定制的内容，在其后面打"√"并点击"提交"。

# 第六章　数字化时代下的理财平台

伴随着当前互联网行业的快速发展，以互联网平台为基础的各种理财产品层出不穷，各种各样的理财平台数量也在逐渐增多。但是，互联网财富管理同过去的存银行不同，有着非常大的风险，这一点不容忽视。本章分为支付宝理财、京东金融理财、微信理财通三部分。主要内容包括：支付宝发展状况、支付宝发展回顾、余额宝产生的背景、余额宝的收益及风险等方面。

## 第一节　支付宝理财

### 一、支付宝发展状况

支付宝，是阿里巴巴集团于2004年推出的一款第三方支付的产品，目前隶属于蚂蚁科技集团股份有限公司，领先于同类的第三方支付平台，致力于提供"简单、安全、快速"的支付解决方案。支付宝公司从2004年成立开始，始终以"信任"作为产品和服务的核心，旗下有"支付宝"与"支付宝钱包"两个独立品牌，在确保用户账户安全的同时，将原本零碎的支付流程整合起来，优化交易过程。目前，支付宝的合作对象已经不局限于各类金融机构，小商户也被纳入支付宝的服务名单中。

如果将支付宝的应用领域做成一幅线形图，可以发现支付宝的发展路径是一个"从上到下"的过程。初期通过占领各大主流线上支付平台，扩大影响，在不断发展中，尝试开辟不同的线下支付场景。

支付宝在初期的开拓线下支付过程中，主要致力于机票购买、生活缴费、游戏充值等领域。这是一个互利互惠的过程，对于商家而言，支付宝优化了顾客的付款途径，加速了交易流程，同时商家无须再同多个银行进行签约协定，省时省力。而对于支付宝而言，每服务一个新的商家，就相当于进入了一个新的市场，开拓了一个新的领域，商家于支付宝就相当于是开辟疆土的锄头。

据不完全统计，目前已有超过几十万家线下门店支持支付宝付款。支付宝的服务并没有局限在国内，国际市场的开发也如日中天。2013年，韩国乐天免税店开始使用支付宝进行退税，隔年，欧洲也开始使用支付宝退税，且支付宝用户根据不同的会员等级，享受不同的汇率优惠。2015年，支付宝手机端增添了"朋友"功能，尝试构建一个基于朋友链的社交圈子，为用户提供在任何场景下都适用的沟通工具。可以看出，支付宝的壮大来源于它对用户需求的把控，不断创新，为用户打造完美的使用环境。

## 二、支付宝发展回顾

2003年10月18日，淘宝首次推出支付宝服务，作为淘宝的附属品进入大众的视野。其最初的目的是解决卖家与买家之间的信任问题，并没有作为独立的平台开放。

2004年，支付宝从淘宝脱离出来，开始成为一个独立的个体，展露出将要壮大的苗头。同年年底，浙江支付宝网络科技有限公司成立。虽然脱离了淘宝，但其发展依旧植根于淘宝。为了能够使用户更加放心地使用支付宝进行交易，2005年2月2日，支付宝建立了"担保交易"模式，承诺"你敢用，我敢赔"。这一举措大大加强了用户对支付宝的信任感，也增强了网购的欲望，为支付宝今后的发展奠定了坚实的用户基础。这一阶段，支付宝公司刚成立不久，企业重心放在完善支付宝的各项已有功能，以及如何获得更多的用户上，并没有开拓更多的新功能。

接下来是发展阶段，不得不说支付宝占尽天时地利人和，在打开新市场之后，为了稳定用户，仅仅局限于依靠淘宝发展肯定是不够的，更需要有新鲜感的事物来吸引用户。

2008年2月27日，支付宝开始进军移动设备市场，提出移动电子商务战略。简单而言就是开发手机APP，推出手机业务。但是当时仍处于一个发展阶段，扩展空间有限，没有特定应用场景的构建，人们不会莫名地突然选择支付宝进行经济往来。针对这一情况，支付宝开始渗入不同的支付领域，例如网游充值、火车售票及各类B2C等。

2008年10月25日，支付宝步入了一个全新的领域，开始支持人们各类基础生活的缴费服务，包含水、电、煤、电话等基础性强的事业。这一举措不仅俘获了青年人的芳心，更赢得了中老年人的青睐。通过借助互联网电子商务市场，支付宝成功晋升为一个被人们所认可的独立支付平台。

2008年底，支付宝用户数量超越了淘宝的用户数量，这也意味着它已经摆脱了"淘宝小弟"的角色，并不断地扩充着其服务对象。

2011年至今，是支付宝稳定上升阶段。

2011年5月26日，支付宝成功取得了中央银行颁布的国内第一张《支付业务许可证》。这就意味着在法律层面上，支付宝得到了国家的认可，为其以后的发展打下了良好的基础。

用户在使用支付宝的过程中，总会有沉淀资金，在这样的情况下，支付宝也不满足于仅仅承担支付功能。2013年6月，"余额宝"出现在大众面前，用户可以通过将资金转移到"余额宝"中取得较高的收益，也可以通过"余额宝"转账，无须手续费。

当年年底，支付宝实名用户超过了3亿，有关数据表明，2013年支付宝手机支付超过27.8亿次，金额超过9 000亿元，成为全球最大的移动支付公司。同期支付宝推出了更多的功能，例如蚂蚁花呗、蚂蚁借呗，以及诸多理财产品等，完美掌握人们的已有收入和预期收入，将用户牢牢锁定在支付宝平台。

除此之外，支付宝与总公司旗下的芝麻信用相结合，建立自己的信用体系，完善了支付宝的信用度。在之后的发展中，支付宝稳定上升，逐步开拓新的市场。

2015年，支付宝在其手机平台上开辟社交功能。

2016年5月20日，支付宝与三星达成合作，Samsung Pay将支持支付宝支付。同年11月，苹果APP Store也增加了支付宝支付选项。

2017年，支付宝与众多国外商户达成合作，为中国人海外旅游提供了良好的服务。

支付宝在发展中逐步成为人们生活中不可或缺的一部分。

## 三、余额宝产生的背景

### （一）满足小额投资者的理财需求

自改革开放以来，我国大力发展市场经济，与其他国家和地区的经济往来日益频繁，极大地促进了国民经济的飞速发展，居民收入水平节节攀升。人们在完成日常生活支出之后，手里往往还有或多或少的结余资金，于是便渐渐催生出投资理财的需求。而纵观余额宝推出之前我国的投资环境，适合普通人群，特别是投资金额在1万元以内的低净值人群的投资渠道实属乏善可陈。细数下来无非这样几种：银行存款、股票投资、银行理财，但这几种理财方式都各有其不尽理想的方面。

第一，银行存款。活期存款利率太低（近5年的活期存款利率在0.3%～0.35%之间），而定期存款的流动性太差，存入银行以后必须锁定至少1年的时间，当急需用钱而提前取出时，就只能以活期存款的利率来计算利息，储户的利息损失较大。

第二，股票投资。与欧美发达国家相比，我国的股票市场起步较晚，发展水平较低，相关法律法规还不是特别健全，个人股民由于缺乏专业的投资知识和技能、没有足够的研究和操作时间、资金量通常比较小、获取上市公司信息的渠道有限等原因，在股票市场中处于明显的弱势地位，真正能通过炒股而获得投资收益的普通投资者少之又少。

第三，银行理财。与银行存款相比，银行理财的收益率一般在4%以上（2018年7月份银行理财平均预期收益率为4.75%），高于银行定期存款利率，而投资期限多在三个月到一年之间，因此银行理财是相对更理想的投资方式。

但是，传统金融行业普遍遵循的是"二八法则"，即企业80%的利润是由20%的优质客户创造出来的，而其余80%的客户所带来的利润只有20%，但是却消耗了银行大量的人力成本。因此，商业银行通常的做法是将优质资源集中提供给20%的高净值客户，而主动忽略数量庞大的低净值客户。例如，将银行理财的进入门槛设为5万元，这就把许许多多的小额投资者拒之于门外。

而支付宝公司则反其道而行之，利用互联网方便快捷的天然优势，从传统金融机构难以覆盖的长尾客户群体出发，针对为数众多的中小资金量客户推出了为其量身打造的"余额宝"。与银行理财动辄5万元的高额起点相比，余额宝最低只需投资1元，几乎可以说是没有进入门槛，任何在支付宝进行了实名认证的用户都可以购买。同时，余额宝采用了独特的赎回资金T+0到账模式，用户赎回余额宝中的钱当时就能回到其支付宝的账户里，既可以用于网络购物或者转账，也可以提取至银行卡中。这种资金实时到账的流动性完全可以与银行活期存款相媲美，但余额宝的收益率却远远高于银行活期存款利率。

### （二）互联网技术发展提供有力支撑

进入21世纪以来，计算机技术的加速发展以及互联网科技的不断普及，为传统的金融行业注入了新的活力。线下金融机构开始通过互联网为客户提供更高效便捷的金融服务，更多的企业也尝试利用互联网平台来寻求更多、成本更低的资金帮助，这就促进了传统金融行业与互联网的相互渗透。

近年来，随着智能终端的迅速普及，移动互联网在人们的日常生活中具有越来越举足轻重的地位。人们可以通过智通手机等终端实现购物、支付、转账甚至股票交易等一系列经济活动。支付宝公司作为目前国内最大的第三方支付平台，利用其先进的计算机和互联网科技手段，为广大用户提供了包含第三方支付在内的一系列便民服务，城市政务、医疗卫生、交通气象、旅游运动，甚至求职租房，可谓是包罗万象，涵盖了人们日常生活的方方面面，故而其用户数量非常巨大。余额宝便是支付宝所推出的一系列服务项目中的一个，因其所独具的余额增值功能而倍受用户追捧。

### （三）支付宝意欲增加客户黏度

支付宝用户如需使用支付宝提供的各项服务，需要先以真实身份在支付宝平台开通个人账户，再向该账户转入一定数额的资金，以完成网络购物、向他人转账以及偿还信用卡、缴纳水电费等操作，而通常情况下绝大多数用户的账户里都会有一定的余额。根据中央银行针对第三方支付机构的规定，支付宝公司对其用户在个人账户中所留存资金产生的利息具有完全的所有权。而在推出余额宝之后，由于用户将账户里的余额用于购买余额宝，其账户里就不再有余额，或仅有非常少的余额，那么支付宝公司就损失了用户沉淀资金所产生的利息收入。

从表面上来看，支付宝公司的收益是减少了，但是从长远来看，由于余额宝本身所具有的方便、灵活、收益高的特点，对广大投资者而言是非常有吸引力的，而要购买余额宝，就必须通过支付宝平台进行操作。

因此，余额宝的推出极大地提升了支付宝用户的黏度，这也是支付宝公司在与其他第三方支付企业的激烈竞争中十分具有杀伤力的一个有力武器。

### （四）天弘基金业务的发展需求

在余额宝推出之前，基金公司的销售渠道基本以渠道代销为主，基金公司柜台和网站直销为辅，而在代销渠道中，又以银行代销为最主要的销售力量。究其原因，主要是国内的基金行业发展相对较晚，从1998年首批5家基金公司正式设立开始，到现在一共才走过20多个年头；而各大银行，特别是国有银行已经存在多年，投资者对银行的信任程度远远超过基金公司。拥有大量客户资源的大型银行往往是众多基金公司竞相争夺的对象，而天弘基金公司自2004年11月8日成立之后，在银行这一重要的代销渠道方面并没有明显优势，多年来其基金管理规模一直在行业内处于排名非常靠后的位置，可以说是一家名不见经传的小公司，甚至连生存都岌岌可危。2012年，该公司的财务报表给出了 1.14 亿元的年营业收入和 1 535 万元的亏损。而在 2013 年 6 月 13 日推出余额宝之后，天弘基金管理公司凭借余额宝背后的"天弘增利宝"——这只基金规模的飞速增长也一飞冲天，在随后的 3 个月内其管理资产规模突破 600 亿元，在全行业的排名由 46 名大幅提升至 16 名；到 2013 年底时公司资产规模突破 1 900 亿元，行业排名迅速升至第二；紧跟着，在 2014 年一季度成为首家规模破 5 000 亿元的基金公司，毫无悬念地霸居行业第一，并蝉联行业第一至今。此外，天弘基金也是首家规模迅速突破 5 000 亿元、8 000 亿元和 10 000 亿元等重大关口的公募基金公司。

## 四、余额宝的收益及风险

### （一）余额宝的收益分析

1. 余额宝的运作模式

对于余额宝，支付宝官方网站是这样定义的：余额宝是由支付宝公司为其用户所量身打造的一款小额资金增值产品。对于投资者来说，从资金存入、购买余额宝、获取收益，直至将资金转出用于转账、网络购物或直接转出至银行卡，始终是在支付宝提供的互联网平台上进行操作的，投资者所面对的运营主体只有一个，那就是支付宝。

但事实上，余额宝的背后是天弘基金管理公司旗下的一只货币市场基金——天弘增利宝货币市场基金（该基金于 2015 年 5 月 15 日更名为"天弘余额宝货币市场基金"。为方便表述，以下仍以余额宝设立之初的基金名称"天弘增利宝货币市场基金"来进行说明），投资者购买余额宝，等于申购了天弘增利宝货币市场基金。支付宝公司因其所拥有的淘宝网和天猫平台的庞大客户资源，吸引了大量投资资金，而天弘基金则负责将投资者购买余额宝的资金集中起来以货币基金的形式进行投资运作，并向投资者支付投资收益。

投资者购买余额宝时，资金从投资者账户转入支付宝的结算备付金账户，再通过天弘基金开立在支付宝的结算账户转入天弘基金自己的结算备付金账户，最后转进天弘增利宝货币基金在其托管行"中信银行"所开立的托管账户中。而投资者赎回余额宝时，资金则按相反的路径从天弘增利宝货币基金托管账户中逐层划拨到投资者的支付宝账户中。

2. 余额宝的收入来源与投资策略

根据天弘余额宝货币市场基金 2017 年年度报告关于基金投资策略的说明，该基金在报告期内（2017 年 1 月 1 日—2017 年 12 月 31 日），始终把基金资产的流动性风险管理放在投资运作的第一位，并严格控制信用风险、价格风险和操作风险，确保了报告期内未发生一起风险事件。

同时，管理人根据余额宝投资者人数众多，但人均持有资金量较小的特点，充分利用云计算、大数据分析等先进的互联网技术，对双十一、春节等重大时点的基金申购赎回情况进行事前预测分析，通过调整基金投资品种和久期的搭配来保障组合的流动性。在等四季度末资金面较为紧张的时点，通过积极配置，适当拉长久期，使得组合的收益明显提高，从而为基金持有人即余额宝用户保障持续、稳健、合理的投资收益。

余额宝的投资组合以银行存款和结算备付金为主，收益也主要来自对银行协议存款的投资。而余额宝的收益率之所以会明显高于银行活期存款，很大程度上是由于余额宝与存款银行事先约定好的"提前支取不收取罚息"的优惠政策。通常情况下，协议存款是有约定的到期解付日期的，如果提前支取则会有相应罚息，即存款银行将不会按照协议约定的利率支付利息，而只能以活期利率计算利息。

然而，随着金融市场行业竞争的日趋加剧，商业银行等金融机构为吸引大客户，开始做出让步，面对一些金额较大的协议存款提前支取的情况，不再收取罚息，而仍然以协议约定利率给付存款利息。余额宝正是因为享受到了这样的政策红利，存在银行的协议存款既可以随时存取又可享受较高的协议存款利率，这就使得余额宝不但实现了高出银行活期存款利率数倍的收益，同时也向投资人提供了资金随存随取的灵活性和便捷性。

3. 余额宝的投资收益能力

余额宝取得巨大成功的一个最重要的原因是，其既具有可以与银行活期存款相媲美的高流动性，又同时拥有了远远高于银行活期存款利率的收益率。从问世之初一直到2017年底，余额宝的收益率虽然出现了一定的上下波动，但一直处于其业绩比较基准，即"同期七天通知存款利率（税后）"之上；同时，与银行活期存款利率相比较，更是一路遥遥领先。从流动性上来看，余额宝与银行活期存款均能做到随存随取，具有极高的流动性；而通知存款是一种不约定存期、支取时需提前通知银行、约定支取日期和金额方能支取的存款，虽然其也具有存期灵活、存取方便的特征，但由于支取资金需提前通知存款银行，不能根据需要随用随取，在流动性上略逊于余额宝和银行活期存款。因此，综合考虑流动性和收益率，余额宝的整体收益风险结构明显优于银行七天通知存款和银行活期存款。

## （二）余额宝的风险分析

### 1. 余额宝风险的特点

余额宝的运行主要依托于互联网，具有一定的复杂性，并且用户数量巨大，因此其所蕴含风险的隐蔽性更强、破坏性更强。概括来讲，余额宝的风险主要有以下特点。

（1）传播性广

余额宝是通过支付宝公司所提供的网络平台来实现产品的销售和运作的，投资者也是通过网络系统来实现对余额宝的投资和交易的。和传统的信息传播方式相比，网络体系中的信息传播速度更快，涉及范围更广，在网络的任何一个终端或节点发生风险事件，都有可能如同蝴蝶效应一般，影响到整个产品的运作和生存发展，甚至会影响到整个社会的金融体系。

（2）时效性强

依托于先进的系统技术和高效的后台处理流程，余额宝提供 T+0 资金流转服务，投资者卖出（赎回）余额宝后相应的清算资金可以马上转入投资者的账户中。高效的数据处理和资金支付体系给投资者带来了极大的便利性，但另一方面，快速的清算流程也给产品提供方造成了一定的运营压力。由于交易数据和资金均是实时清算，一旦出现任何一点失误和差错，无论是支付宝公司抑或是天弘基金公司均没有时间去修正错误或将系统恢复备份后重新进行正确的清算，再加上投资者人数众多，一点细小的风险事件也将会被无限放大，从而造成严重的后果。

（3）虚拟性高

余额宝的交易操作完全是通过互联网进行的，产品的提供方、运作方以及使用方均处于互联网的某一终端之下。由于没有实体的交易场所，用户真实身份验证的难度更大。同时，大量的"虚拟化"交易和资金数据交互，给犯罪分子盗取用户信息和资金也提供了一定的可乘之机。高度的虚拟性加大了风险的隐蔽性，使得风险预防和控制的难度更大。

### 2. 余额宝风险的种类

余额宝是基于现代信息技术和互联网而产生并运作的金融理财产品，其本质上仍属于金融产品，因此便具有了金融产品天然固有的一些风险，如系统性风险、流动性风险和信用风险等；同时，又由于其基于互联网进行运作的属性，从而也存在着与互联网相关的一些风险，如操作风险及用户信息和账户被盗风险等。

（1）系统性风险

系统性风险是指金融机构从事金融活动或交易所在的整个系统，在内部因素的影响与外部因素的冲击下，导致了各种危机和波动，对单个金融机构造成了严重影响，从而带来潜在的经济损失的风险。系统性风险存在于多个方面，较为常见的有汇率风险、周期波动风险以及利率风险等。这些风险无法借助分散投资来消除，因此具有不可分散性。系统性风险可以用贝塔系数来衡量。

以余额宝为例，其所对接的天弘增利宝货币市场基金，主要投资于国内的货币市场工具，并不涉及海外投资，因此不存在汇率风险。而目前政府对其监管相对较为宽松，更多的是通过行业自律和市场的自我调节来进行管理，给予了余额宝较大的发展空间，故而政策性风险也是比较低的。

而对于货币市场基金来说，基金资产基本全部投资于货币市场工具，因此，其收益的高低与市场利率水平是直接挂钩的。截至2017年底，余额宝的全部基金资产中有56.65%是以存款和结算备付金的形式存放在银行的。也就是说，余额宝半数以上的收益来自银行存款和结算备付金的利息收入，这部分收入的多少直接取决于银行所能提供的存款利率。而其他的几类投资项目，如固定收益类投资和回购类投资，其收益也取决于当时市场上的利率水平。

当国家的货币政策收紧时，银行等金融机构的流动性也会随之变差，这样一来，会推高银行间市场的资金拆借成本，而市场利率的快速上涨就会给包括余额宝在内的货币市场基金带来较高的收益。

（2）流动性风险

所谓流动性，是指能够以相对合理的价格实现资产变现的能力，是时间尺度（卖出资产所需要花费的时间）与价格尺度（相较于公平市场价格的折扣）之间的关系。

为了提升客户的使用体验、增加用户黏度，支付宝公司和天弘基金公司将余额宝的赎回资金清算时间设计为T+0，在投资人赎回余额宝的交易还没有经过清算确认时就先行使用垫付资金将相应的赎回款项提前返还到投资者的账户中。由于资金T+0回转的便利性，投资者可以通过手机等移动终端随时赎回余额宝进行转账、支付消费款项或用于其他费用支出。

凭借如此的流动性优势，在面临同行业其他众多产品挤压的情况下，余额宝能够几年如一日地稳居行业之首；然而高流动性是一把双刃剑，它也使得余额宝需要面对极大的流动性风险。为满足余额宝赎回资金T+0即可到账或用于消费支出的功能，支付宝公司需要先行向客户垫付资金，即先将其自有资金或支付宝结算备付金账户中留存的资金划转到客户账户中，待T+1日客户的赎回申请确认后，基金公司再将客户的赎回款项划拨给支付宝公司用以偿还支付宝先行垫付的资金，如此方能够确保客户的赎回资金能够即时到账。

若是客户只是小规模的进行赎回，那么不会过多地影响支付宝公司及余额宝的资金周转。但是如果遇到特殊情况，如天猫双十一大促销时，大量的客户会在同一时间进行大规模集中赎回用以支付购物的货款，如果没有事前充分的准备，就会使得余额宝背后的天弘增利宝货币基金出现流动性资金入不敷出的问题，即基金资产中可以随时变现的金额不足以应付大量的赎回需求。基金公司面对此类情况通常会以寻求外部资金支持作为首选方式，利用外部融资来使得自身面临的流动性紧张问题得到有效缓解。由于融资时间短、融资金额巨大，会相应地推高融资成本，因而难以在短期内实现大规模地融资，如果不能在合同约定的时间内将客户的赎回资金划入其账户中，余额宝就面临着重大违约的问题。极端情况下，如果市场上出现余额宝的信用降低甚至可能破产的传闻时，就有可能引发投资者的恐慌心理，造成挤兑危机，这样一来又会进一步加剧余额宝的流动性危机，从而形成恶性循环，直至公司最终破产。如果出现这种最坏的情况，不仅会对支付宝公司和天弘基金公司造成灾难性的损失，同时，由于投资者的信心遭到了重创，也会对整个互联网金融行业和未来的金融创新产生难以弥补的消极影响。

（3）信用风险

信用风险是指债务人自身原因的影响而导致其难以对到期的还本付息责任予以如期履行从而使得另一方的收益发生损失的风险，也被称作违约风险。简单来说，就是交易过程中因交易一方发生的违约行为而导致交易的另一方遭受经济损失的风险。余额宝的信用风险主要来自其背后天弘增利宝货币基金在投资运作过程中所面临的信用风险。

2017年底天弘增利宝货币基金的投资组合主要是银行存款和结算备付金，占全部基金资产的56.65%；其次是买入返售金融资产（回购），投资金融占全部基金资产的34.13%；另外还有一小部分是债券投资，占比为8.92%。其中，存款银行不能在存款到期时正常支付存款本金和利息是余额宝所投资的银行存款会面临的主要风险，然而商业银行在现阶段中国的金融体系中具有仅低于政府信誉的高信誉级别，所以银行仅有极小概率会发生违约行为。另外，对于回购和债券投资，由于交易对手方的信用和各类债券自身的信用评级高低不一，就有可能出现对方违约、到期无法支付利息甚至本金的信用风险，一旦发生，将给基金资产造成不同程度的损失。

这在货币基金的发展历史上是有着前车之鉴的。2008年，美国储备管理公司（Reserve Management Co）旗下最古老的货币基金——Primary Fund，持有大量雷曼兄弟的商业票据，受此后发生的次贷危机的影响，该部分票据随着雷曼兄弟的破产倒闭而难以兑现，其估值直接清零，使得Primary Fund的单位净值从1美元的面值跌至97美分，成为美国首度出现亏损的货币基金，投资者的信心受到巨大的冲击，爆发集中式的大量赎回。由于无法应对该赎回潮的冲击，此后该货币基金暂停赎回，储备管理公司在暂停赎回时间超过1个月后对该基金启动清算程序，并在清算完成后将其剩余资产返还给全体投资人。可见，信用风险一旦发生，其对基金资产的打击将是沉重的甚至是致命的。

（4）用户信息安全隐患

投资者如果想购买余额宝，首先必须得成为支付宝的用户，通过在支付宝平台开立的资金账户来购买和赎回余额宝。因此，支付宝平台系统的稳定性和可靠性直接影响到余额宝用户的资料信息能否得到妥善保管、资金账户是否安全。如何在向用户提供便捷支付服务的同时确保用户信息安全，为用户的个人资料和资金提供安全保障，是支付宝需要重点考虑的问题。

2013年，由于存在非法获取公民个人信息的行为，杭州市公安局西湖分局对某电商企业的职员张某实施刑事拘留。而通过对此次案件的审理又牵扯出另一名犯罪嫌疑人，该犯罪嫌疑人的身份是支付宝公司的前技术人员，其在支付宝公司工作期间，借助自身职务的便利，曾多次进入公司后台数据库盗取大量用户信息资料，并以高价向数据企业及电商企业转卖获取的信息资料。其窃取的资料不仅有用户的联系方式与个人身份信息，而且有家庭地址、消费记录等，信息极为详尽。电商企业利用上述信息可以对目标消费群体开展精准营销，并全面掌握用户的个人资料、家庭资料以及消费偏好和消费习惯等信息，从而可以为企业的市场营销确立更为清晰的市场定位。但对于消费者来说，他们的个人隐私被出卖，不但可能在日常生活中会被掌握了他们详细信息的公司所打扰，甚至有可能出现个人账户被盗取的风险。

在媒体曝光了此次事件后，广大民众对支付宝的安全性开始出现质疑的态度。虽然支付宝公司在事后发布声明，解释被盗取的信息是2010年以前的数据，不涉及核心身份信息、密码等敏感信息，不会对用户的账户安全及隐私造成影响；同时，支付宝公司力证其采取了加密技术对用户的银行卡号、身份证信息、密码等敏感信息进行处理，所有人都难以获取。然而此次事件的出现，使得用户认识到或许支付宝不如他们想象中的那样安全。

相较于信息泄露，用户更为担心的是发生账户资金被盗的事件。支付宝账户需要绑定至少一张银行卡，如果个人的身份信息、账号甚至密码被窃取，那么其银行卡中的资金就会变成犯罪分子的囊中之物，而事实上支付宝账户中的资金被盗取的案子也曾有发生。若是支付宝无法完全保障用户的资金与账户安全，那将会使得用户对余额宝的安全失去信心，从而引发赎回巨潮，最终直接威胁余额宝的后续生存发展。

事实上，不管是哪一类的理财产品，投资人最为关心的还是账户安全问题。否则，不管投资收益有多高，一旦账户被盗，无论收益还是本金都有可能全部损失掉。正因为如此，针对第三方支付平台（譬如支付宝等），国家相关监管部门实施了极为严格的监管。

（5）快捷支付安全隐患

无可辩驳，支付宝是国内第三方支付平台中具有最大体量的平台，极大地推动了我国互联网金融行业的发展，不管是虚拟信用卡、快捷支付，抑或是二维码支付，都使得用户的使用体验与便捷性得到显著提升，余额宝更是成为中国的"国民货基"，与此同时，国家有关部门也应充分关注其在业务快速发展过程中所积聚的安全隐患。

由于一些制约性的因素，譬如：需要事先开通网上银行的权限、需借助一台能上网的电脑、操作环节过于复杂等，传统在线支付方式的支付成功率较低（60%左右），用户流失严重。由此，支付宝公司看到了潜在的巨大商机，率先推出了快捷支付。用户在网络购物的过程中，使用快捷支付可以不受传统网银支付方式的各种限制，仅需要输入银行卡的户名、卡号、手机号等信息，待银行以发送手机验证码的方式对用户身份进行确认后，用户即可绑定该银行卡作为其快捷支付账号，下次再进行支付时将自动从该银行卡中扣划相应的款项。一些第三方支付平台会在每笔款项支付时向相应注册手机发送动态口令，用户需要进行动态口令的正确输入方能够实现支付操作。而另一些第三方支付平台为了使用户的支付操作更为简便，更是省略了发送并验证动态口令的过程，用户只需输入支付密码即可完成支付。

而方便与安全始终处于相互矛盾的对立面，若是想通过"化繁为简"的便捷操作来吸引更多的用户，那么必然会降低产品的安全性，相应地就需要面对更大的风险，甚至部分业内人士提出快捷支付涉嫌"违法"的观点。之所以提出这样的观点，是依照《中国银监会关于加强电子银行信息管理工作的通知》的要求，电子资金支付业务在由第三方机构进行安全认证的同时，还需要由账户所属银行在用户进行首笔业务前借助电子渠道、物理网点或其他方式来对客户身份进行验证。然而实际情况是支付宝公司为使得用户有更好的体验，并未在实际操作过程中落实上述要求。因此，也可以说，支付宝的快捷支付服务自2011年推出起就长时间处于"不合规"状态。

针对上述观点，支付宝公司给出以下答复：支付宝会在用户以快捷支付的方式进行首笔业务前以专线形式向银行传输卡号、用户信息、手机号码、证件信息等，然后由银行验证。相较于有较高可能被木马劫持的跳转网银、公开网络等方式，此种以非公开的专线方式来进行的信息校验有更高的安全性，且支付宝会在银行方面实现验证信息的全部匹配后发送动态验证码至用户对应的手机号码。

支付宝的上述行为违法与否，其具体界定需要由中国人民银行、银保监会等监管部门来予以决断。虽然目前暂无法对其违法与否给出定论，但是快捷支付的方式和操作过程存在着安全隐患也是不争的事实。

## 第二节 京东金融理财

### 一、京东金融的发展历程

京东金融1.0时代，用技术在做自主经营的金融业务。京东金融的诞生最早可以追溯到2013年下半年，它的雏形源自京东商城的供应链金融业务。那时商城上下游产生大量应收、应付账款，而银行无法向中小企业提供满足需求的供应链金融业务，京东金融却依靠一张保理牌照开始做起了此项业务，自此这个服务于B端的供应链金融业务应运而生。2013年10月，京东金融成立。2014年10月6日，京东集团宣布，将正式下设一个子公司、一个事业部和两个子集团公司，分别为拍拍网、海外事业部和京东商城集团、京东金融集团，其中京东金融集团就是两大基本业务板块之一。2015年京东金融已经建立起八大业务板块。

京东金融2.0时代，用技术帮金融机构做业务。京东金融从单维度的发展，转变成为金融机构服务的平台式发展，力图打造成为金融科技公司。

2016年3月，京东金融获得了来自著名的嘉实投资、中国太平洋、红杉资本中国基金等机构66.5亿元巨资。

尽管目前京东金融在国内仍然未能得到类似银行、消费金融这种大牌照，但2016年上半年京东金融与中国银联、中国工商银行等巨头分别签署了战略合作协议，开始了新一轮的市场拓展。

2016年11月，京东集团突然在金融上发力，宣布京东金融将脱离京东集团独立运营。如今已经在八大领域实现业务布局，涵盖众筹、证券、保险、支付、供应链金融、消费金融、财富管理和农村金融，构成了京东金融多维产品线。

2017年9月15日京东金融与泰国尚泰集团成立了合资公司，初期将开展支付业务作为核心业务，随后陆续开展供应链金融、保险理财等业务。这一举动标志着京东金融已经向海外市场展开了布局。

## 二、京东金融的优势

### （一）体系独立

传统的金融机构，例如商业银行，往往是根据用户提供的各种证件，再结合工作证明及资产证明来评价其还款能力，同时根据征信报告来评估其信用状况和违约风险。然而我国征信体系仍在构建中，还未完全覆盖每个人，因此部分客户很难享受到信用服务。但是电商平台出身的京东金融则有着完全不同的评估思路。

它从大数据出发，这里的数据有三个特点：海量、多维、动态。海量的数据是基础，多维的数据可以帮助我们从多个角度去观察客户并且作出信用评估，动态的数据则是强调数据的实时更新。京东金融就是在这个基础上，结合目前金融需求的长尾化，建立了新的风险评估体系。

以京东白条为例：

首先，他们采取白名单邀请制为主的业务发展模式。通过对用户的京东账户进行识别，对数以千万计的风险名单库进行过滤，剔除掉那些恶意用户、失信用户，实现风险前置的事前判断，最大程度降低逆向选择的可能性。

其次，就是进一步的筛选。京东金融自有一套以四大发明命名的模型工具体系，其中"司南"对应风险预测，"火药"对应量化营销，"活字印刷"对应用户洞察，"造纸"对应大数据征信，通过这一系列的再筛查进而形成白名单。名单形成以后，平台会通过短信、APP消息推送、第三方绑定软件推送以及应用程序主页推送等方式邀请名单内用户，用户如若有所响应可以在完成实名认证以后开通京东白条业务。整个过程都可以在线上进行，简洁快速。

最后，它的天策系统、天盾系统、天网系统可以帮助决策，在维护安全的同时反欺诈，实时监控风险。对用户从登录到激活再到交易以及信息修改等全流程环节进行后台的安全扫描，实时监控，识别恶意行为。对于风险系数较高的订单，平台可以通过联通商城的配送体系，实现"最后一公里拦截"，这在业内也是绝无二家的存在。通过运用大数据等新兴技术建立的自动化风险评估体系，可以实现覆盖全流程的风险实时监控，在保证正常用户享受便捷服务，获得极致的客户体验的同时，提高了欺诈行为的成本。这一体系在给用户带来极佳体验的背后，是复杂的大数据模型、系统以及精准的判断、高效的策略。京东白条这一产品一经上市就凭借高质量获得了市场的认可，并且成功在2015年10月份在深交所挂牌其ABS项目，这也是互联网消费金融领域首个实现资产证券化的产品。

通过将大数据及人工智能技术运用到风险评估体系中，京东金融可以实现每单放贷成本约等于零。因为在体系搭建好以后，几乎不需要人工审核员参与信贷审核，可以最大效用地实现规模效应。

对于风险的把控一直是京东金融发展的重点，仅风控人员在京东金融团队中就占比1/3，且这1/3中有70%是进行数据挖掘以及建模分析的技术人员。并且京东金融通过与行业内的顶级数据公司的开放合作来积累更多经验，旨在建立公司内部产品与品类之间的多维联系。京东金融在不断强化内部风控的同时还积极开展同其他机构的合作，并以此来推动信用体系的建设。

目前，京东金融已经构建了超过500个风控模型、超过60万个风控变量，可以实现5 000多个风险策略，黑灰风险名单已经超过5 000万个，信用风险评估可以覆盖3亿+的用户。

## （二）科技为先

在京东金融独立出来以前，京东集团每年对于科技的投入就在逐年增加。京东金融CEO陈生强在2017年初也提出京东金融会持续加大科技投入力度。据透露，京东金融每年投入到科技以及数据上的金额超过九位数，还将保证每年不低于100%的增长幅度。京东金融于2017年专门成立了金融科技部，旨在整合京东集团和京东金融全部业务资源后，向外界提供金融方面的整体解决方案。

目前，京东金融技术领域的布局主要包括大数据、区块链、人工智能等。在资本层面它不仅投资了业内先进的大数据公司，还同美国的Zest Finance（美国金融科技公司）合资成立了ZRobot（北京至上泽思信息技术有限公司），为公司业务的发展输入不竭的技术动力。京东金融在提出金融科技公司这个定位以后，开始为金融机构提供数字化服务，并且创造了B2B2C的新模式，累积了许多ToB经验，它在进一步加强同产业的连接能力的同时也进一步提升了科技能力。京东金融的基础技术领域中的深度学习、计算机视觉、语义解析、图计算等技术已经处于行业领先水平，并且可以实现在极短的时间内进入产业化应用阶段。

同时，京东在硅谷成立了国际领先的人工智能实验室，大力引进新型科技领域高端人才，包括前沿科技领域的亚马逊原首席科学家薄列峰、美国 UIUC 计算机科学学院彭健博士以及微软亚洲研究院城市计算负责人郑宇；金融领域的建行河南省分行原行长李尚荣、招行信用卡中心原总裁助理王珏等高管；全球化业务和前瞻性研究领域的益博睿大中华区原 CEO 姚诚彰和瑞穗证券亚洲区首席经济学家沈建光博士等。

### （三）场景复合

京东金融还不断致力于开拓线上及线下的场景模式。京东白条在 2016 年就已经从最初只支持京东商城拓展到支持包括租房、旅游、教育等多数外部场景上，而供应链金融方面也已面向京东生态圈外客户开放。开放、连接是京东金融在场景拓展方面的态度。不论是同银联建立战略合作伙伴关系，并且成为首批支持银联标准二维码的平台之一，还是同多家商业银行合作推出银联云闪付产品，让顾客可以直接通过京东和京东金融即实现二维码闪付，或是同各大银行合作推出小白信用联名卡等产品，并且参考各大银行在不同区域和业务上的特色为客户提供更具个性化的定制服务，都是最好的说明。不仅如此，京东金融还不断突破、创新，建立了集快捷支付、扫码支付、NFC 支付和人脸识别等支付方式为一体的新型支付体系，已经实现了从线上到线下、从电商平台到公共交通出行的全覆盖场景模式。

### （四）定位准确

从第一个提出金融科技，到率先提出"不做金融"，做 B2B2C 的全新商业模式，京东金融一直认为风险定价才是金融的核心，输出金融科技来服务金融机构才能更好地实现优势互补，才能更好地回馈实体经济。京东金融对宏观环境、竞争对象、服务对象以及自身优势都有着极为清晰的认识。

京东金融在过去的发展过程中坚定"风控第一，技术领先，开放合作，做大支付，拓展场景，农村金融"这六块布局，并且在不同业务领域对症下药，因而取得了相当不错的成效。

### （五）极致体验

传统的金融服务，大多程序复杂烦琐，体验感较差。但是京东金融完全支持在线操作、在线审核，还可以实现"私人订制"。京东金融几乎所有业务的流程都支持线上操作，不论是京东白条的申请和使用，还是京东众筹项目的整个流程，抑或是供应链金融领域的京保贝，都只需要在线操作，而且能实时观察进程，及时得到反馈。这大大地简化了流程，避免了那些不必要的重复步骤，提升了业务的效率。再者，它通过大数据、人工智能技术可以帮助用户实现个性化的定制，给予了用户极佳的消费体验。

## 三、京东金融的风险

### （一）信用风险

所有金融机构都要面临信用风险这一大难题，尤其是对于抵御此种风险能力相对较差的电商平台来说，一旦债务人违约将会导致有发生坏账的可能性。电商平台对于信用的评价大多是建立在大数据系统上，通过对借款方的交易金额、财务状况、社会关系等相关数据进行挖掘分析来判断其资信状况，然后决定是否发放贷款。

但是我们需要注意到，电商平台的金融服务具有一个很明显的特征，就是虚拟性。交易双方通过互联网沟通联系，缺乏面对面的接触与了解，不能对对方的真实状况有进一步的认识，这也使得身份验证与交易的真实性判断变得艰难，违约风险上升。这是事前可能面临的风险，贷后的风险也不能忽略。缺乏对违约客户有效的追款措施，再加上信用贷款几乎没有抵押物和担保的特征，使得追款更加遥遥无期。

### （二）技术风险

京东金融的发展很大程度上依托于计算机和新型技术，一旦计算机网络出现系统方面的问题，就会造成难以衡量的损失。就拿网络病毒来说，它的破坏力是极大的，又很容易通过互联网进行快速、广泛地传播，一旦某个应用程序出现问题，就很有可能造成整个平台的瘫痪。另一个问题就是对于数据安全的管理。在大数据时代，海量多维的数据是电商平台最核心的竞争力，而互联网天生具有的开放性，对数据安全系统带来不小的挑战。

除此之外，内部安全技术也是需要引起重视的一块。2019年2月份爆出的京东金融APP在后台自动运行，未经用户授权将用户的截屏图片保存在自己的文件夹内一事就被质疑侵犯了客户的隐私，引起了舆论的广泛关注，最后京东金融定位问题、修复版本、公开致歉，这件事才算告一段落。

### （三）品牌信誉风险

对于现代商业企业来说，品牌信誉才是所有交易的前提。一个企业做到一个比较大的规模以后，支撑它发展的并不只在于其技术手段，而是整个企业的价值观、企业文化以及企业老板的胸怀。

### （四）财务风险

京东金融自 2017 年完成重组交割以后，它的财务数据不再纳入京东集团的合并财务报表中，相关数据很难获得。但是我们也可以根据京东集团 2018 年以前的年报来分析一下京东整个公司目前财务上出现的一些问题。

毛利率对比显示，阿里巴巴的毛利率一直稳定在 60% 左右，而京东只有 15%。造成这个现状有两个原因：首先，京东是自营的电商模式，利润主要来源于差价，数额较低。但是阿里巴巴不做任何自营的业务，只是作为第三方平台赚取佣金，毛利率可以达到 70% 以上。其次，在京东与阿里巴巴的竞争中，目前京东仍处在劣势地位，阿里巴巴不断侵蚀京东利润率较低的 3C 业务，但是京东却无法撼动阿里巴巴在利润率较高的日常消费品业务上的地位。

我们再来看现金流的问题。京东的物流服务或许能在未来反哺京东的电商业务，但是现金流的问题仍然亟待解决。

京东在市场竞争中主要是通过大量地投注自建物流来建立优势，但是这也是极高的成本。目前，京东各类设备、无形资产、在建工程、土地使用权等账面价值累计金额较大。京东对于仓库、物流等的投资以及包含人工成本在内等的持续高投入使得经营性现金流问题成为其硬伤。

## 四、京东金融理财产品

### （一）京东小金库

京东小金库是京东金融特意为个人用户打造的资产增值产品，属于货币型基金理财产品，主要与鹏华增值宝、嘉实活钱包绑定。发行此产品的最主要目的是集合京东用户购物款，满足用户资金管理、理财投资与消费信贷的需求。此款产品起买金额 1 元，上不封顶且能随存随取，用户可把闲散资金转入京东小金库中，小金库再去购买货币基金产品，实现资金增值的目的，而且在京东商城购物时也可直接使用小金库里的资金，真正满足顾客购物、升值两不误的需求。

## （二）券商理财

券商理财产品是券商集合资产管理计划，指的是由证券公司进行管理且在中国证券监督管理委员会备案过的非保本固定期限理财产品，募集的所有资金都会由指定银行严格托管，投资方向包括但不限于银行存款、现金、存单、债券、货币基金等。

通俗来讲，就是委托券商把投资者的资金投资于股票、债券等，风险和收益率在银行存款和股票之间，是一种集合证券投资方式，利益共享、风险共担，具有集合理财、专业管理、组合投资、风险分散的特点，比较适合风险识别能力强、追求稳健收益、能较好规划投资资产流动性的个人或机构投资者。目前在售产品有：中信证券卓越成长、国泰君安君得鑫等。

## （三）京东黄金

京东黄金是由京东联合合作公司开发的一种黄金购买、存管、增值、回收等黄金消费综合服务产品，目前仅支持从京东金融 APP 客户端购买，是面向普通用户开展的买金、存金、增值、黄金生息等全方位的服务。有锁定期的京东黄金在锁定期内不允许提前赎回，锁定期结束后可进行赎回，无锁定期的京东黄金可以直接赎回，但赎回资金正常要等待 1～3 个工作日到账，会根据原先的支付途径返还钱款。

# 五、京东金融理财的发展对策

## （一）微观角度

### 1. 进一步夯实基础

虽然目前京东金融每年科研支出金额不小，而且每年都在保持不低的增速，但是如果要实现其成为金融体系低层技术输出者，为整个金融体系提供深度服务的战略目标，目前还是远远不够的，还需要更多、更好、更快地发展自身技术能力，尤其是在目前较火的人工智能、感知技术、物联网等领域。此外，还是要坚持将技术与应用场景结合起来的研发思路，同时，要进一步加强自身的业务能力。这主要体现在多样化的产品模式以及行业解决方案中。

底层技术其实本身就自成体系，并非仅为金融板块所服务。金融科技虽然是先进科技推动金融发展的成果，但是也不能一味只追求技术的先进性，因为究其根本，金融是为用户服务的。

尤其对于处在竞争行列中的金融机构而言，用户体验才是其核心竞争力。

用户体验是否简洁、流畅、高效、完善,往往决定了产品是否可以引导用户的消费行为,甚至是重塑其消费习惯与观念。用户体验的改善并不是一蹴而就的,它需要同金融业务各个环节挂钩,从产品的设计出发,到营销,再到业务流程的运营及管理,甚至包括从售前到售后的整个场景的设计与服务等。这些过程不能只单纯地依靠科技的进步来改善,它还需要每个环节的默契合作和统揽全局的能力。

2. 完善投资者保护机制

在金融科技飞速发展的当下,以互联网金融为例,存在类似于P2P爆雷等事件被爆出的现象。这些负面新闻极大地削弱了金融科技的公信力,其中体现出的一个比较严重的问题就是对于投资者的保护问题。一旦出现问题,融资者跑路,投资者的损失将非常惨重。这一方面是由于我国对互联网金融并没有一个明确清晰的准入标准以及监管目标,另一方面,部分企业只追求利润最大化,忽视对相关金融知识的深入学习和把握,风险意识也极为欠缺。而京东金融作为一个全方位发展的企业,通过完善对投资者的保护机制,一方面可以树立负责任、可信赖的良好企业形象,另一方面可以提升客户的忠诚度与认可。

首先,京东金融要做好充分及时的必要信息披露工作,让投资者可以对风险随时了解、随时评估。对于融资者,京东金融可以通过自己的大数据平台和技术优势,建立高效的全覆盖的金融活动监测中心,对融资方的资金动向、账户异常变动等做到实时监控,风险预警。京东金融如果真的可以做到"投资者利益高于一切",完善相关保护机制,那京东金融一定可以在激烈的竞争中越走越远,越走越好。

3. 加强内控及合约制度建设

之前爆出来的京东白条漏洞事件暴露出京东白条这一业务存在面签成过场的致命漏洞。这其实就是审核方面的漏洞,京东金融应该在完善风控的同时加强内部控制以及合约制度的建设。

### (二)宏观角度

1. 监管体系多元化

健全监管体系不仅需要从基础的法律法规入手,也需要行业自律作为补充。政府在进行监管的过程中应该要注重柔性监管,不要一出现问题就想着直接去对市场主体进行调整,而是可以联合社会组织和行业协会将相关政策传达至市场主体,实现相关法律未完善情况下的"软法"治理。这个前提就是监管者先要弄清楚金融科技到底是什么,然后再决定如何针对不同领域做到切合的监管。此外还需要有一个时间上的平衡点,太早干预一方面可能监管者还未对定义达到透彻的了解,导致错误的监管行为,另一方面还有可能会扼杀一些萌芽企业,从而影响整个行业的发展;过迟监管可能会导致金融风险过度积累,行业乱象丛生。未来的监管将更加偏向监管科技。监管科技既包括将科技运用到监管中,也包括设立专门针对金融科技的监管部门。监管科技可以做到实时监督、持续观察、智能过滤并识别到问题,对风险做到事前把控。

2. 监管政策灵活化

发达经济体和发展中经济体在金融科技的发展上各有优势,因此其监管也会有不同的侧重点。发达经济体的优势在于其底层技术较发达,且应用经验较为丰富,相关法律法规也较为完善,因此其监管会更加侧重分析技术对整个金融行业的影响并且研究如何将技术运用到监管中。而发展中经济体的优势在其规模化应用上,但是因为起步较晚,相关的法律法规不够完善,再加上受众面很广而且多为普通消费者,所以完善消费者保护体系是其首要任务。这也要求政府作为公权力参与其中,维护消费者的合法权益,并增强消费者的信心。

3. 基础设施配套化

首先,要推动网络和移动数据服务完全覆盖化的建设,同时要保证基本服务的质量和可负担性。其次,要推动政府以及整个经济部门的数字化,在方便金融机构获得相关数据的同时要注重对数据和隐私的保护。再次,鼓励数字身份体系建设,旨在能够可靠地实现远程验证。但是在这个过程中监管部门应注意防范数字文盲或者其他因素导致的金融排斥风险。最后,要推进金融基础设施的建设,例如征信体系的完善。这些基础设施的获取与使用还要做到公平、透明。

# 第三节　微信理财通

## 一、微信理财通发展现状

### (一)服务能力相对较弱

首先,理财通对客户的个性化服务不够重视,不能引导客户进行个性理财。客户注册微信点击理财通后没有详细全面的客户评估。

其次，理财通提供给客户的服务与其他的金融理财平台的服务有相似性，没有形成自身的鲜明特色。

最后，理财通在运行中所提供的服务较为单一，在功能上只能够购买部分基金投资的产品，且理财通在微信支付的环境下并不能够做到利用客户的投资资金来完成其他支付的功能，不可以使用资金进行日常消费，例如：购买电影票、各商场或超市的优惠券等可以满足人们日常需求的消费。

### （二）提供产品缺乏个性

首先，理财通上线的理财产品大多数都只是基金公司所提供的货币基金产品的照搬，而没有富有个性化地针对不同客户的不同需求来进行差异化产品开发的设计。

其次，理财通的理财产品在数量上和种类上也有着明显的缺陷。在经济快速发展的时期，人们的需求也随之增加，因此品种缺乏会导致平台用户的流失。

## 二、微信理财通发展对策

### （一）完善微信平台服务

#### 1.提供个性化服务

首先，理财通可以利用用户投资理财的各项数据分析，按照投资者本身状况、投资理念和各项条件主动提供给投资者理财产品，使其进行优先选择，减少非理性投资，从而给客户提供理财通独特的个性化服务。

其次，理财通可以提供动态性服务，指的是理财通可以随着客户在社会中的角色变化，针对客户的个性需求来定制服务，并且分析用户的投资行为，从而给用户提供最具有特色的理财信息。

#### 2.提供多样化服务

首先，在理财通中可以增加跨行业合作，联合其他行业，如保险业、证券业实现部分跨行业合作业务，利用理财通线上功能开展随时可开户、可投保的其他行业服务，为金融一体化打下坚实的基础。

其次，客户在使用理财通时，可以增加支付功能。客户在支付微信支付所支持的其他消费时可增加是否使用理财通余额支付的选项，从而使理财通中的资金活动起来，方便投资者的资金运转。

## （二）创新微信理财产品

### 1. 根据客户差异开发产品

首先，理财通在面对属于风险厌恶型的稳健投资者时，应考虑到他们对风险的承受能力较小。因此理财通在开发理财产品时，应该着重针对他们的特点开发一些具有固定收益或具有保本型特点的债券、基金类理财产品，使此类投资者能够稳稳地取得收益。

其次，风险持中型的保守投资者，他们对风险的承受能力适中，因此理财通应在平台中开发债券、股票、黄金白银等贵金属或其他属于既存在一定的风险又可以有所收益的理财产品。

### 2. 构建多元理财产品结构

对于平台内部来说，首先，理财通可以为投资者构建由理财通开发的包括股票交易、债券交易、黄金投资、个人外汇买卖等多种产品投资的平台，使投资者可以享受到其投资产品的周全性和完善性。其次，理财通可构建利率、汇率等市场价格参数与理财产品相挂钩的产品结构，充分地提供多元化理财产品，为偏好利用利率、汇率进行投资的用户提供一种跨类型的投资机会。

# 参考文献

[1] 李亚敏. 中国保险资金投资资本市场的收益与风险研究 [M]. 北京：知识产权出版社，2010.

[2] 郭文旌. 最优保险投资决策与风险控制 [M]. 北京：北京理工大学出版社，2013.

[3] 张旭升，陈飞跃. 保险投资 [M]. 北京：电子工业出版社，2015.

[4] 付刚. 基金投资的选购与组合技巧 [M]. 北京：中国纺织出版社，2015.

[5] 李晓波，周峰. 从零开始学基金投资 [M]. 北京：中国铁道出版社，2015.

[6] 黄佑军，马毅，周启运. 互联网金融模式探究及案例分析 [M]. 广州：暨南大学出版社，2016.

[7] 奚玉莉，杨芮，李耀东，等. 互联网保险新模式 [M]. 北京：中信出版社，2016.

[8] 王文革. 互联网时代的金融创新 [M]. 上海：上海人民出版社，2016.

[9] 武长海，涂晟，樊富强. 互联网保险的法律规制研究 [M]. 北京：中国政法大学出版社，2016.

[10] 孟雷. 互联网金融创新与发展 [M]. 北京：中国金融出版社，2016.

[11] 王秀峰，王裕强. 互联网金融理论与实务 [M]. 北京：中国金融出版社，2016.

[12] 杨东，文诚公. 互联网金融风险与安全治理 [M]. 北京：机械工业出版社，2016.

[13] 庞金玲. 玩转支付宝理财 [M]. 北京：中国商业出版社，2017.

[14] 赵占波. 互联网保险 [M]. 北京：首都经济贸易大学出版社，2017.

[15] 高彦彬. 互联网金融对商业银行理财业务的影响及对策研究 [M]. 哈尔滨：黑龙江人民出版社，2017.

[16] 郭福春，陈利荣．互联网金融发展理论与实践探索 [M]．杭州：浙江工商大学出版社，2017．

[17] 曹志鹏．互联网金融理论与发展研究 [M]．长春：吉林大学出版社，2017．

[18] 曾增．从零开始学基金投资 [M]．北京：中国铁道出版社，2017．

[19] 王静．中国互联网金融发展、影响与监管研究 [M]．天津：南开大学出版社，2017．

[20] 辛路．互联网金融风险及监管研究 [M]．北京：光明日报出版社，2017．

[21] 谢平，邹传伟．互联网金融风险与监管 [M]．北京：中国金融出版社，2017．

[22] 弓志华．互联网金融时代的保险运营创新研究 [M]．长春：吉林大学出版社，2018．

[23] 杨晓波．互联网金融的发展之路 [M]．上海：上海交通大学出版社，2018．

[24] 郭永珍．互联网金融创新与实践 [M]．北京：经济日报出版社，2018．

[25] 张辉．互联网金融风险管理研究 [M]．北京：经济日报出版社，2018．

[26] 汪涛，李惠青．互联网金融下小微企业融资模式及风险研究 [M]．成都：电子科技大学出版社，2018．

[27] 徐小磊，张林波．中国创新背景下互联网金融新发展 [M]．北京：中国金融出版社，2018．

[28] 王明哲．互联网金融信用风险研究 [M]．北京：企业管理出版社，2020．

[29] 赵丹．互联网金融趋势下银行技术创新研究 [M]．北京：中国旅游出版社，2020．

[30] 陈玉明．互联网金融时代的投资理财与财富认知 [J]．中国信用卡，2020（9）：52-53．

[31] 贾自武．我国大众家庭金融投资理财现状分析及发展趋势 [J]．长江技术经济，2020，4（S1）：99-100．

[32] 高一点．传统理财和互联网理财的对比研究分析 [J]．中小企业管理与科技（中旬刊），2020（7）：145-147．

[33] 魏春生，许文丽．关于投资与理财行业的思考 [J]．中国管理信息化，2020，23（9）：117-119．

[34] 柯雪．网上理财风险分析及投资对策探讨 [J]．现代营销，2020（4）：64-65．

[35] 夏欣悦，张暕，刘人维，等.互联网金融环境下的大学生理财产品研究及建议 [J].科技经济导刊，2020，28（11）：174-175.

[36] 柯雪.关于我国大众家庭金融投资理财现状分析及趋势探讨 [J].商讯，2020（9）：91-92.

[37] 李盼盼，郭雅晋.浅议我国居民个人投资理财规划方式 [J].全国流通经济，2020（8）：148-151.

[38] 赵月，赵士娇.关于当前国内网上理财风险与投资对策的思考 [J].才智，2020（4）：247.

[39] 谢鹛.互联网金融下理财风险防范的路径构建 [J].中外企业家，2020（19）：87-88.

[40] 刘犇.互联网金融对银行理财产品的影响分析 [J].商讯，2020（17）：95.

[41] 王晓强.互联网金融背景下个人理财模式及风险防范 [J].中国市场，2020（10）：193-194.

[42] 吴真.互联网金融背景下的商业银行理财业务创新分析 [J].市场论坛，2020（3）：47-50.

[43] 张竞.互联网金融背景下第三方支付的发展状况研究 [J].山西农经，2020（3）：160.

[44] 沈仲.我国互联网金融理财产品发展瓶颈分析及对策探讨 [J].营销界，2019（48）：152-153.

[45] 刘妍.互联网金融背景下银行理财业务转型之路探究 [J].清远职业技术学院学报，2019，12（6）：36-39.

[46] 曾思敏.互联网金融理财风险与互联网金融创新研究 [J].经济师，2019（10）：141-142.